천하경영

조조의 삶과 문학

오수형 편역

문학과지성사
1998

천하 경영
── 조조의 삶과 문학

펴낸날/ 1998년 10월 13일

지은이 / 조조
편역자 / 오수형
펴낸이 / 김병익
펴낸곳 / ㈜**문학과지성사**
등록번호 / 제10-918호(1993. 12. 16)

서울 마포구 서교동 363-12호 무원빌딩(121-210)
편집: 338)7224~5 · 7266~7 FAX 323)4180
영업: 338)7222~3 · 7245 FAX 338)7221

ⓒ 오수형, 1998. Printed in Seoul, Korea
ISBN 89-320-1026-9

값 7,000원

* 잘못된 책은 바꾸어드립니다.
* 편역자와 협의에 의해 인지는 생략합니다.

* 이 책의 판권은 편역자와 문학과지성사에 있습니다.
  양측의 서면 동의 없는 무단 전재 및 복제를 금합니다.

천하경영

조조의 삶과 문학

오수형 편역

책머리에

　조조(曹操, 155~220)는 흔히 간교한 꾀만을 지녔을 뿐 덕이나 인간성은 없는 인물의 대명사로 통한다. 그리고 기껏해야 간웅(奸雄)으로 불리며 여전히 부정적인 인물로 인식되어 있다. 그러나 일찍이 소동파는 저 유명한 「적벽부(赤壁賦)」에서 사라진 수많은 영웅 가운데 유독 조조만을 상기하며, "수많은 군기를 하늘 가득 날리며 강을 마주하고 술 따르며, 긴 창 비껴들고 시를 읊조렸으니, 일대의 영웅이라"고 노래했다. 과연 그가 단지 간교하기만 했던 인물인가, 아니면 한 시대의 뛰어난 영웅인가?
　역사상의 한 인물에 대한 평가는 무엇보다 사실에 입각하고 또 그 시대적 배경을 고려해야만 비로소 올바른 것이 될 수 있다. 단순히 유비의 촉한(蜀漢)을 중심축으로 꾸민 소설 『삼국지연의(三國志演義)』에서의 왜곡된 묘사만을 따르거나, 신하의 신분으로 한(漢) 왕실을 무너뜨리고 새 왕조를 세웠다는 점을 곱지 않게 보는 통치권자 입장에서의 의도적인 평가 절하를 그대로 수용한다면, 그것은 당연히 옳지 못하다.

조조가 활약한 시대는 후한(後漢) 말기이다. 당시의 중앙 정권 내부에서는 환관과 외척이 심각한 권력 투쟁을 벌이는가 하면, 각 지방에 할거하던 호족 세력 역시 상호 세력 다툼을 벌이며 민중들을 혹독하게 착취하였다. 따라서 국민 생활은 극단적으로 피폐되었으니 연이은 농민 반란이 당시의 시대상을 잘 대변한다. 이른바 전형적인 난세였다. 이러한 난세에 그는 무력을 증강시켜 전쟁을 주요 수단으로 하여 농민 반란을 진압하고 할거하던 호족의 세력을 정벌하였으며, 조정의 정권 쟁탈전에서도 주도권을 장악하였다. 비록 그가 수많은 희생을 초래하는 무력을 사용하면서 전통적 덕치(德治)의 방법을 상당 부분 외면하였으나, 극도로 혼란스럽던 당시에 새로운 질서를 건설하는 가장 효과적인 방법은 그것밖에는 없었으리라고 여겨진다. 아쉬운 것은 오히려 뒤이은 제왕의 진일보한 안정 정책의 결핍이라고 하겠다. 어찌 됐든 조조는 더 이상 어지러울 수 없는 시대에 웅지(雄志)를 지니고 천하 통일에 매진하여, 결국 중원을 통일하고 전국을 호령하며 새로운 질서를 창출해낸 큰 인물이었음은 분명하다. 따라서 새롭게 인식돼야 마땅하다.

특히 그는 중국 문학사에서 건안 시기 문단을 주도하면서 뛰어난 문학 작품을 창작해낸 인물이기도 하였다. 그는 시와 문장에 모두 뛰어났으나 특히 시의 경우에는 강개(慷慨)에 찬 정서로 시대의 고통을 아파하며 원대한 포부를 표현해낸 적지 않은 수작을 창작함으로써 뛰어난 문학 유산을 남겼다. 후대 평론가의 평가를 듣지 않더라도 그가 단순한 무인이 아닌 문무를 겸비한 출중한 인물이었음을 쉽게 알 수 있다.

조조의 천하 통일 정책은 대체로 다음과 같이 요약할 수 있다. 그는 무엇보다 무력을 사용한 정벌 전쟁을 천하 안정의 기본 수단으로 삼았다. 자연히 전통 인의(仁義)를 중시하는 유가보다는 질서 유지에 비교적 가시적인 효과를 볼 수 있는 법가 경향의 통치 철학을 지녔다. 그리고 그의 정벌 전쟁은 천자를 받들어 이에 불복하는 이들을 토벌한다는 명분 아래에서 진행되었다. 황건적의 난과 같은 농민의 반항 운동을 진압하거나 지방의 할거 세력을 토벌하며 줄곧 천자의 명을 명분으로 삼았다. 경제적으로는 둔전제와 전매 제도의 확충으로 생산력을 증대시키며 군비를 확보하였다. 또 유능한 인재의 확보에 매우 주력하였는데, 인물 등용은 품행이나 덕행보다는 오로지 재능만을 기준으로 하였다. 이와 같은 것들은 혼란에 빠진 중원의 안정에 효과적인 정책이었을 수는 있으나, 동시에 전쟁 수행 과정에서 잔인하게 수많은 인명을 희생시키고 농민을 착취하는 결과를 초래하였다. 그러함에도 불구하고 난세를 헤치며 대세를 이끌어가는 그의 갖가지 지혜와 노력은 오늘날에도 시사하는 바가 많다. "남에게서 배운 것은 한계를 보이지만 남에게서 터득한 것은 그 응용에 있어 다함이 없다"고 선현이 말했으니, 이 책이 혹 그 무엇인가 터득할 실마리만이라도 제공할 수 있지 않을까 하고 희망해본다.

 이 책은 크게 세 부분으로 구성됐다. 제1부는 조조의 시로서 모두가 민간의 기존 노래 곡조에 맞추어 새로이 가사를 쓴 것이다. 혼란한 세상에 시달리는 민중의 고통을 대변하며 자신의 지향을 세우는가 하면, 이상 세계를 그려보기도 하고 또 마음속의 갈등을 표출하기도 하였다. 전해지는 그의 작품 이십여 수 가운데 칠 할 정도의 작품을 옮겼다. 제2부는 문장이다. 세상을 경영하는 과정에서 쓴 명령서가 대다수인데 그의 통치 철학과 방법 및 위인됨을 잘 보여준다. 그의 문장은 대략 백오십여 편인데 그 가운데 중요하다고 여겨지는 약 육십 편의 글을 옮겼다. 제3부는 그의 일생 사적을 크게 몇 시기로 구분하여 시대 상황과 연계하여 서술하였다. 권말에 후한 말기 삼국 형세도와 군벌 할거 형세도, 작품 원명 색인을 첨부하였다.
 이 책이 저본으로 채택한 문집은 하전재(夏傳才)의 『조조집주(曹操集注)』로서 1986년 중국 중주고적출판사(中州古籍出版社)에서 출판됐다. 이 책은 베이징의 중화서국(中華書局)에서 1974년 출판한 『조조집(曹操集)』을 저본으로 하고,

기타 여러 판본을 참고하여 교감을 가하고 순서를 새롭게 배열한 책으로서, 조조의 시문집 가운데 가장 잘 정비되어 있다. 조조를 더욱 자세히 이해하기 위하여는 역사 기록을 비롯한 타인의 서술이 주요한 자료가 될 것이나, 이 책은 그가 남긴 시문(詩文)에 중점을 두었다. 그리고 작품의 이해를 돕기 위해 각 작품 앞에 간단한 설명을 첨가하였다. 이 책은 그의 문집과 역사서 『삼국지(三國志)』를 비롯한 사료들을 통한 사실을 근거로 한 것으로서, 소설 『삼국지연의』 속의 소설적 기록은 당연히 취하지 않았다.

이 책을 통해 난세를 헤쳐나간 조조를 기존의 편견에서 벗어나 새롭게 발견하고 평가함은 물론, 오늘을 살아가는 몇 가지 지혜를 찾아낼 수 있기를 기대한다. 끝으로 문학과지성사 편집부 여러분의 세심한 노고와 서울대 박사과정 당윤희 선생의 도움에 감사를 표한다.

1998년 10월
오 수 형

차 례

책머리에 / 7

제1부 긴 창 비껴들고 시를 읊다

도관산　21
대　주　25
고한행　28
보출하문행　31
각동서문행　39
해로행　41
호리행　44
단가행　47
정　렬　53
맥상상　56

제2부 난세를 헤치며 천하 통일의 길을 가다

원소에게 답함   61

작위를 사양하며 올리는 글   63

개혁할 바에 대하여 올리는 글   66

둔전 설치에 관한 명령   68

순욱에게 보내는 글   70

여포에게 보내는 글   72

송금생을 잡고 올리는 글   74

원소를 격파하고 올리는 글   76

서선의 진교 비방과 관련하여   79

조지의 아들 처중에게 작위를 주고 조지의 제사를 지낼 것을 명함   81

초 지방에 주둔하며 내리는 명령   85

돌아가신 태위 교현을 위한 제문   87

태산태수 여건을 무재에 천거하는 명령   90

학문에 힘쓸 것을 명령함　92
패한 장수에 대한 치죄의 명령　94
관리와 무사의 덕행과 능력을 논하는 명령　96
토지 겸병을 금하는 명령　98
원담을 사형에 처하며　100
풍속을 바로잡는 명령　102
벌을 밝히는 명령　104
의견을 구하는 명령　106
공신들에게 작위를 내리는 글　108
장군과 참모들에게 수입을 나누어주는 글　110
순욱의 봉읍지 추가를 청하여 올리는 글　112
곽가의 죽음을 슬퍼하며 순욱에게 보내는 글　115
탁군태수에게 고하는 명령　117
공융의 죄상을 알리는 글　119
장범에게 내리는 명령　121

손권에게 보내는 글   123
전주의 사양에 대한 문제 결정의 교령   125
현인을 구하는 명령   127
봉읍지를 사양하며 지향을 밝히는 글   130
염행에게 보내는 글   139
구석을 사양하며 올리는 글   141
아들 조식을 훈계하는 글   143
헌제를 대신한 복후 폐출의 조서   144
단점을 무시한 인재 등용의 명령   146
법무관 선발의 명령   148
고유를 법무 책임자에 명함   150
유이에게 답함   152
춘계 제사에 관한 명령   154
품행에 구애받지 않는 현인 천거의 명령   157
아들들에게 내리는 명령   160

이재민 구제의 명령   162
묘지에 관한 명령   164
변후 책봉의 글   166
수의함에 표하고 나서   168
유 언   169
집안을 훈계하는 글   172
양보에 관한 글   175
정치가 잘될 때에 관한 글   177
인물 선발에 관한 글   178
군악대에 관한 글   180
군사 정책에 관한 글   182
군 령   184
수전에 관한 명령   186
보병 전투에 관한 명령   188
『손자병법』 서문   192

제3부 시대와 영웅의 합주곡

어지러운 시기에 세도 있는 환관 집안에서 태어
나다   197

강자를 두려워 않는 출중한 청년 관료가 되다   200

형세를 파악하며 때를 기다리다   204

난적을 토벌하며 힘을 키우다   207

천자를 끼고 천하 평정에 매진하다   213

적벽에서 대패하여 삼국 정립의 형세로   220

중원을 통일하고 죽어서 제위에 오르다   223

후한 말기 삼국 형세도 / 군벌 할거 형세도   228

작품 원명 색인   230

제1부

긴 창 비껴들고 시를 읊다

    조조는 뛰어난 정치적·군사적 역량에 못지않게 출중한 문학적 소양도 지닌 인물이었다. 그는 두 아들 조비·조식과 함께 문학을 애호하며 장려하였으니, 이른바 건안칠자(建安七子)와 함께 당시의 문단을 주도하며 문인 집단의 대표자이며 강력한 후원자가 되었다. 그의 시는 『시경(詩經)』의 전통을 계승, 특히 사언시(四言詩)로 훌륭한 성과를 올렸다. 참담한 사회상을 직시하며 백성의 고통을 아파하는 격앙된 감정을 표현했는가 하면, 영웅다운 대업의 웅지를 표출하였으며, 또 가슴속 깊은 갈등과 번민도 노래하였다.

    조조의 시는 현재 이십여 수가 전하는데 모두 악부시(樂府詩)이다. 악부시는 악부(樂府)라고도 하는데, 한나라 때 음악을 수집하던 관청에서 모은 노래 가사 및 그 형식과 전통을 이어받아 지은 시를 가리킨다. 조조의 악부시에 사용된 제목은 해당 시가의 곡조 이름일 뿐이며 내용과는 무관하다.

도관산

조조는 184년 서른 살에 제남(濟南)에서 자신의 정치 이상에 따라 혁신 정치를 수행하고자 하였다. 그 결과 호족과 환관 귀족들의 미움을 받게 되자, 187년 병을 구실로 사직하고 고향으로 돌아갔다. 이 시는 대략 그 즈음에 쓴 것으로서, 법제의 정돈과 현인의 등용, 그리고 근검절약과 감세(減稅) 등을 주장하고 있다. 정치적 견해를 곧바로 밝히고 있으며, 의론에 치중하여 담담하다. 『악부시집(樂府詩集)』 27권에 보인다.

천지간에,
귀한 것은 사람이니,
임금 세워 백성 다스릴 땐,
준칙을 세웠다네.
수레 자국 말 발자국,

사방 먼 곳까지 교차됨은,
못난 자 쫓아내고 현명한 이 승진시켜,
백성 번성 위한 것.
위대하신 성현들은,
온 나라를 관리했네.
다섯 가지 작위를 부여하고,
정전제와 형법을 마련했지.
노예 문서 불태울망정,
다 같이 사면하진 말지어다.
고요와 보후같이 법 적용하면,[1]
어찌하여 자리를 잃겠는가?
슬프구나, 후세에는
제도와 법 바꾸었지.
백성 부려 임금만 위하니,
백성들은 부역에 시달린다.
순임금은 칠한 식기 쓴 탓에,[2]

---

1) 고요(皐陶)는 순임금 때에 형법을 관장한 인물로 다섯 가지 새 형법을 제정하였다. 보후(甫侯)는 여후(呂侯)라고도 부르는데 주목왕(周穆王) 때에 법을 관장하였다. 이 두 사람은 엄하고 공명정대하게 법을 집행하였다.
2) 요임금이 질그릇 식기를 사용하였더니 천하가 복종하였다. 그러나 순임금은 나무를 깎고 칠한 식기를 사용하여 열세 나라가 배반하였다. 검소한 생활을 강조한 비유이다.

열 나라가 배반했으니,
요임금이 거친 참나무 서까래에
거처함만 못하였다.
세상에서 백이(伯夷)를 찬탄함은,
풍속을 바로잡기 위해서며,
사치는 커다란 죄악이요,
검소함은 공인된 덕목이다.
허유같이 사양하면,
어찌 송사 있겠는가?[3)]
겸애(兼愛)하고 평등한 세상에선,
먼 이도 가깝게 된다.

度關山

天地間, 人爲貴. 立君牧民, 爲之軌則.
車轍馬迹, 經緯四極. 黜陟幽明, 黎庶繁息.
於鑠賢聖, 總統邦域. 封建五爵, 井田刑獄.
有燔丹書, 無普赦贖, 皐陶甫侯, 何有失職?
嗟哉後世, 改制易律. 勞民爲君, 役賦其力.

---

3) 허유(許由)는 요임금이 제위를 선양하려 하자 기산(箕山)으로 도망하여 농사를 짓고 살았다.

舜漆食器,畔者十國,不及唐堯,采椽不斲.
世歎伯夷,欲以勵俗,侈惡之大,儉爲共德.
許由推讓,豈有訟曲?兼愛尚同,疎者爲戚.

대 주

이 시는 혼란한 현실을 대하며 반대로 그려본 작자의 이상 세계를 묘사한 것이다. 통치 계층의 선정, 백성의 경제적 풍요와 휴양, 사회의 예절과 기강 확립 등등, 자신이 추구하는 태평성대를 그려냈다. 제목은 악부의 곡조 이름일 뿐이다.『악부시집』27권에 보인다.

술 앞에 놓고 노래부르세,
태평 시대에는,
관리가 문에 와 불러대지 않는다네.
왕은 현명하고,
재상과 대신 모두가 충성되고 훌륭하네.
모두들 예절 맞춰 양보하니,
백성들에겐 다툴 일이 없다네.

삼 년 농사에 구 년 치를 저장하니,
창고에 곡식은 가득 찼네.
머리 희끗희끗한 노인 짐을 지거나 얹지를 않는다네.
비가 촉촉이 내리니,
온갖 곡식 풍작이네.
좋은 말은 끌어다가,
밭에다 비료 줄 때 사용하네.
공후백자남(公侯伯子男) 귀족들은,
모두가 백성들 사랑하여,
못난 이 내쫓고 현명한 이 승진시켜,
부형이 자식 키우듯 백성을 대하네.
예법 어긴 경우엔,
경중 가려 벌을 주네.
길에는 남의 것 줍는 이 없네.
감옥은 텅 비고,
동지가 되어도 판결한 범죄 없네.
사람마다 팔구십 년을 살아,
모두가 천수를 누린다네.
은택은 널리 초목과 곤충에게까지 미친다네.

對 酒

對酒歌, 太平時, 吏不呼門. 王者賢且明, 宰相股肱皆忠良.
咸禮讓, 民無所爭訟. 三年耕有九年儲, 倉穀滿盈.
斑白不負戴. 雨澤如此, 百穀用成. 却走馬, 以糞其土田.
爵公侯伯子男, 咸愛其民, 以黜陟幽明, 子養有若父與兄.
犯禮法, 輕重隨其刑. 路無拾遺之私. 囹圄空虛, 冬節不斷.
人耄耋, 皆得以壽終. 恩澤廣及草木昆蟲.

고한행

조조는 206년 정월 업성(鄴城)에서 태항산(太行山)을 넘어 반기를 든 원소(袁紹)의 외조카인 고간(高幹)을 정벌하여 병주(幷州)를 재차 평정하였다. 이 시는 그때에 추위와 굶주림을 참아가며 험한 산을 넘어 전쟁터로 향하는 상황을 실감나게 표현하였는데, 이는 또 자신의 천하 통일의 대업을 이루기 위한 험한 인생항로를 대변하기도 한다.『악부시집』33권에 보인다.

북으로 태항산을 오르노라니,
어렵기도 하구나 어찌나 높고 험한지!
양장파의 비탈길은 구불구불,
수레바퀴 부서진다.[1]
수목은 어찌 그리 쓸쓸한가,
북풍 소리 정말 슬프구나!

---

1) 양장파(羊腸坡)는 지명으로 심양(沁陽)에서 진성(晉城)에 이르는 비탈길로, 양의 창자처럼 구불구불하다 하여 이름붙여졌다.

크고 작은 곰들 나를 향해 웅크리고,
호랑이·표범 길을 끼고 울부짖네.
계곡에는 사람 드문데,
눈은 어찌 이리도 펄펄 날리는가.
목을 빼고 길게 탄식하노라니,
먼 길 떠나와 생각도 많도다.
내 마음 몹시도 근심스러워,
그대로 동쪽 고향에 돌아가고 싶구나.
물은 깊고 다리는 끊어져,
가다 말고 배회할 뿐이로다.
길을 잃어 오던 길도 못 찾고,
날은 저무는데 머물 곳은 없구나.
걷고 또 걸어 해는 이미 기울었는데,
사람도 말도 모두가 허기졌다.
부대자루 메고 나가 땔감을 주워다가,
얼음 깨다 죽 끓인다.
저 슬픈 동산시를 떠올리니,
내 애달픔 한없이 이어진다.[2]

---

2) 동산시(東山詩)는 『시경』의 시로, 출정 나간 병사가 고향을 그리워하는 내용이다.

苦寒行

北上太行山, 艱哉何巍巍! 羊腸坂詰屈, 車輪爲之摧.
樹木何蕭瑟, 北風聲正悲! 熊羆對我蹲, 虎豹夾路啼.
谿谷少人民, 雪落何霏霏. 延頸長歎息, 遠行多所懷.
我心何怫鬱, 思欲一東歸. 水深橋梁絶, 中路正徘徊.
迷惑失故路, 薄暮無宿棲. 行行日已遠, 人馬同時饑.
擔囊行取薪, 斧冰持作糜. 悲彼東山詩, 悠悠使我哀.

보출하문행

207년 조조는 대군을 이끌고 북방에서 수시로 변경을 침범하는 오환족(烏桓族)과 그곳에 합류했던 원소의 잔여 세력도 동시에 소탕하였다. 이 시 보출하문행(步出夏門行)은 돌아오는 길에 보고 느낀 바를 기록한 것들로서, 서곡(序曲)에 해당하는 「염(艷)」외에 각기 독립된 네 편의 시로 구성된 연작시이다. 『악부시집』 37권에 보인다.

1. 서곡

이 시는 뒤 네 수의 서곡에 해당하는데, 원래 산문으로 썼던 것을 뒤에 곡조에 맞춰 손질한 것으로 여겨진다. 조조가 회군하는 도중 발해 부근에 이르러 큰비를 만나 분분한 의견 속에 진군의 방향을 잡지 못하였다는 내용이다.

구름 흘러 비 내리니,
큰 강가 언덕에 강물 넘쳐난다.
각기 다른 의견을 살피자니,
마음은 머뭇머뭇,
어느 의견 따를지 모르겠네.
갈석산(碣石山)에 이르러,
발해를 바라보니 슬프기만 하도다.

艶

雲行雨步, 超越九江之皐.
臨觀異同, 心意懷游豫, 不知當復何從.
經過至我碣石, 心惆悵我東海.

2. 넓고 푸른 바다를 바라보며

갈석산에서 바다를 바라보며 쓴 것으로 웅장한 광경의 묘사를 통해 자신의 웅혼한 기상을 표현하였다. 자연을 묘사한 건안 시대의 대표작이다. 마지막 두 구는 모두 곡조에 맞춰 노래의 흥을

돋우기 위한 것으로 본 시의 내용과는 무관하다. 다음의 세 편의 경우도 같다.

동쪽으로 갈석산에 올라,
창망한 대해를 바라본다.
물길은 몹시도 뒤흔들리고,
산과 섬은 우뚝 마주섰네.
수목은 빽빽히 자랐고,
온갖 풀은 무성한데,
가을 바람 쓸쓸하고,
큰 파도 용솟음친다.
해와 달의 운행,
그 안에서 나오는 듯,
찬란한 은하수도,
그 안에서 솟는 듯.
대단한 행운이라,
뜻한 바를 노래하세.

觀滄海

東臨碣石, 以觀滄海. 水何澹澹, 山島竦峙.

樹木叢生, 百草豊茂, 秋風蕭瑟, 洪波湧起.
日月之行, 若出其中, 星漢燦爛, 若出其裏.
幸甚至哉! 歌以詠志.

3. 초겨울 시월에

이 시는 전편보다 좀 뒤에 쓴 것으로 오환족 정벌을 마치며 개선하는 도중에 초겨울의 광경을 노래한 것이다.

초겨울 시월 되니,
북풍은 감돌아 불고,
날씨는 청량한데,
서리는 가득 내렸다.
학을 닮은 닭 새벽에 울어대고,
기러기 남쪽으로 날아가니,
수리도 자취 감추고,
곰들도 동굴에 들어갔다.
농기구는 치워졌고,
수확물은 창고에 쌓였는데,
여인숙에선 설비를 정돈하여,
상인 맞을 준비한다.

대단한 행운이라,
뜻한 바를 노래하세.

冬十月

孟冬十月, 北風徘徊. 天氣肅淸, 繁霜霏霏.
鵾雞晨鳴, 鴻雁南飛, 鷙鳥潛藏, 熊羆窟棲.
錢鎛停置, 農收積場. 逆旅整設, 以通賈商.
幸甚至哉! 歌以詠志.

4. 낯선 지방에서

이 시는 한겨울 황하 이북의 풍토와 민속을 묘사하면서 쓸쓸한 감상을 노래하였다.

지방이 다르더니,
황하 북쪽에 한겨울이 찾아왔네.
얼음덩이 강에 떠 흐르니,
배들조차 다니기 어렵도다.
땅은 굳어 송곳조차 못 뚫고,

순무와 쑥은 땅속에 숨었네.
물은 마르고 막혔으며,
얼음 단단하여 걸을 수 있도다.
선비의 걱정은 가난함인데,
싸움 잘하는 무사 가벼이 법을 범한다.
마음속에 항상 한탄과 원망이니,
슬픔만 많고 많구나.
대단한 행운이라,
뜻한 바를 노래하세.

土不同

鄕土不同, 河朔隆冬. 流澌浮漂, 舟船行難.
錐不入地, 豊籟深奧. 水竭不流, 冰堅可蹈.
士隱者貧, 勇俠輕非. 心常歎怨, 戚戚多悲.
幸甚至哉! 歌以詠志.

5. 장수하는 거북이도

이 시는 나이가 들수록 더욱 적극적이고 진취적인 자세로 공업

(功業)의 달성에 힘쓸 것과 심신의 수양으로 수명을 연장할 것을 노래하였다. 조조의 노익장의 정신이 잘 표현되었다.

    신령스런 거북이 오래 산다지만,
    여전히 죽을 때가 있도다.
    등사(螣蛇)는 안개를 타고 다니지만,
    끝내는 흙먼지로 변한다.
    늙은 준마 마구간에 있어도,
    마음은 천리를 내달리며,
    열사는 노년이 되어도,
    장대한 심지가 사라지지 않는다.
    오래 살고 일찍 죽고는,
    하늘에만 달린 것이 아니니,
    심신의 수양 덕분으로,
    장수할 수 있노라.
    대단한 행운이라,
    뜻한 바를 노래하세.

龜雖壽

神龜雖壽, 猶有竟時. 螣蛇乘霧, 終爲土灰.

老驥伏櫪,志在千里,烈士暮年,壯心不已.
盈縮之期,不但在天,養怡之福,可得永年.
幸甚至哉! 歌以詠志.

각동서문행

　이 시는 오랫동안 전쟁에 시달리며 고향을 그리워하는 작자의 진심을 노래하였다. 제목인 '각동서문행(却東西門行)'은 '동문행'의 곡조와 '서문행'의 곡조를 합한 것에 다시 변화를 가한 곡조의 이름으로서 시의 내용과는 관계가 없다. 『악부시집』 37권에 보인다.

기러기 요새 북쪽에 사니,
바로 사람 살지 않는 곳이다.
날개 펼쳐 만리를 나는데,
날고 멈춤에 줄을 짓는다.
겨울에는 남방의 곡식을 먹고,
봄날에 다시 북쪽으로 날아온다.
밭 가운데 있는 쑥은,

바람 따라 멀리 흩날리네.
오랫동안 제 뿌리와 떨어져서는,
만년이 되도록 만나지 못하네.
어찌하리오 출정 나온 이 병사,
어찌하여 사방으로 떠나야 하는가?
전마(戰馬)에 안장 풀지 못하고,
갑옷은 옆에서 떠나지 않는다.
점점 늙음은 찾아오는데,
어느 때에야 고향에 돌아갈까?
신령스런 용 깊은 못에 숨고,
맹호는 높은 산에서 거닌다.
여우도 죽을 때는 살던 언덕 향해 머리 두니,
고향을 어찌 잊으리오?

却東西門行

鴻雁出塞北, 乃在無人鄕. 擧翅萬餘里, 行止自成行.
冬節食南稻, 春日復北翔. 田中有轉蓬, 隨風遠飄揚.
長與故根絶, 萬歲不相當. 奈何此征夫, 安得去四方?
戎馬不解鞍, 鎧甲不離傍. 冉冉老將至, 何時返故鄕?
神龍藏深淵, 猛虎步高崗. 狐死歸首丘, 故鄕安可忘?

해로행

이 시는 원래 출상 때에 부르던 곡조인데 조조가 시사(時事)에 대한 의론과 애상의 감상을 담아 노래했다. 189년 소제(少帝)가 즉위하고 외척인 대장군 하진(何進)이 환관 주살의 정변을 꾀했으나 망설여 시기를 놓치고 오히려 환관에게 피살됐다. 그러나 그의 부하 여포 등이 환관을 살해하는 병변(兵變)을 일으켰고, 일부 환관들이 소제를 납치하여 도망쳤다. 이때 동탁이 진군하여 소제를 잡아 죽이고 그 동생을 헌제(獻帝)로 옹립하였다. 190년 동방의 각 세력이 연합하여 동탁을 토벌하고자 하니, 동탁은 낙양을 깡그리 불태워 파괴하고 수십만의 백성을 몰아붙여 장안으로 천도하였다.

이때의 혼란과 정변에 대하여 조조는 의론을 가하는 동시에, 폐허가 된 상(商)왕조의 궁전을 보고 애달프게 노래했던 미자(微子)의 심정으로 자신의 정서를 표현했다.『악부시집』27권에 보인다.

한 왕조 스무 대에 걸쳐,
임용된 이들 실로 오죽잖았네.
원숭이꼴에 모자 쓰고 띠를 매고선,
우둔한 주제에 큰일을 꾀하였네.
망설여 판단하지 못하더니,
황제의 납치를 초래했네.
흰 기운 태양을 꿰뚫더니,
자신이 먼저 재앙을 당했구나.
도적이 국권을 장악하여,
황제를 시해하고 경성을 파괴했네.
제왕의 기반 뒤흔들고,
종묘를 불태웠네.
서쪽으로 천도하니,
백성들 울부짖고 흐느끼며 길 떠난다.
저 낙양성 바라보니,
미자처럼 슬프고 애달프구나.

薤露行

惟漢二十世, 所任誠不良. 沐猴而冠帶, 知小而謀强.
猶豫不敢斷, 因狩執君王. 白虹爲貫日, 己亦先受殃.
賊臣持國柄, 殺主滅宇京. 蕩覆帝基業, 宗廟以燔喪.
播越西遷移, 號泣而且行. 瞻彼洛城郭, 微子爲哀傷.

호리행

　이 역시 출상할 때 부르던 노래의 곡조인데 조조는 그 안에 당시의 사실을 기록하여 백성이 당하는 참상을 고발하였다. 혹자가 이 시를 "한대 말기의 실록으로서, 실로 시로 쓴 역사이다"라고 평한 것은 바로 그 때문이다.

　190년 장안으로 천도하고, 낙양에 되돌아와 주둔하고 있는 폭도 동탁군을 토벌하기 위해 각 지방의 할거 세력들은 서로 협력하는 듯했다. 그러나 나름대로 세력 확대만을 위한 전쟁을 거듭할 뿐 동탁의 토벌에는 나서지 않았다. 남방의 원술(袁術)은 황제를 자칭하고, 북방의 원소는 따로 황제 옹립을 계획하는 실정이었다. 결국 계속되는 전란으로 군과 민을 막론하고 지극한 곤경에 처하였으며 사회는 더할 수 없이 파괴되었다. 이 시는 그러한 실상을 고발하고 있다.『악부시집』27권에 보인다.

관동에 의로운 이들 있어,
도적떼 토벌코자 군대를 일으켰네.
처음에 맹진에서 만났을 땐,
마음은 함양 땅에 두었었네.
군대는 모았으되 제 나름대로,
머뭇머뭇 기러기 나는 듯.
세리(勢利)는 다툼을 부르니,
곧바로 서로가 살육한다.
회남(淮南)의 동생은 황제를 자칭하고,
북방에선 옥새를 만들었네.
갑옷 안에선 이들이 생겨나고,
백성들은 죽어나갔네.
백골이 들에 늘어지고,
천리간에 닭 우는 소리 안 들린다.
백성은 백에 하나 살아남았으니,
그 생각에 장이 끊어지는구나.

蒿里行

關東有義士, 興兵討群凶. 初期會盟津, 乃心在咸陽.
軍合力不齊, 躊躇而雁行. 勢利使人爭, 嗣還自相戕.
淮南弟稱號, 刻璽於北方. 鎧甲生蟣蝨, 百姓以死亡.
白骨露於野, 千里無鷄鳴. 生民百遺一, 念之斷人腸.

단가행

「단가행(短歌行)」은 성조의 장단에 따라 붙여진 악부의 곡조명으로 전체 편폭이나 시구의 장단과는 무관하다. 조조의 단가행은 두 수로서, 그 내용으로 보아 북방을 통일하여 정권을 장악한 208년 이후에 씌어진 것으로 여겨진다. 『악부시집』 30권에 보인다.

첫째 수는 권력을 장악한 후 남들의 오해를 씻기 위한 것으로서 자신이 한 왕실에 불충한 뜻이 없음을 노래하였다. 패업을 달성하고서도 신하의 분수를 지켰던 이들을 찬양하는 내용을 담았다. 둘째 수는 짧은 인생을 슬퍼하며 인재를 모아 천하를 안정시키고자 하는 열망을 담았다.

1

주나라의 서백창은,

성덕(盛德)을 지녔었네.[1]
천하를 셋으로 나누어,
그 둘을 가졌었지.
그래도 조공 바치며,
신하의 절개 잊지 않았다네.
숭후(崇侯)의 참언으로,
묶이는 몸 되었었지.
후일 사면되어 복직해서는,
군 통수권을 맡아,
사방을 정벌했다네.
공자에게 칭송받고,
현달한 데다 뛰어난 덕행으로,
여전히 은나라를 섬겨,
그 훌륭함이 기록됐다네.
제 환공의 공은,
패자 중의 으뜸이었네.
널리 제후를 합병하고,
천하를 바로잡았다네.
천하를 바로잡되,
무력 사용 아니 했네.

---

[1] 서백창(西伯昌)은 뒷날의 주 문왕(文王)으로서 서백의 신분으로 은나라를 섬겼다.

바르고도 속임수 없어,

그 덕 칭송됐다네.

공자께서 찬탄하며,

관중을 칭찬하여,

백성들이 그 은혜를 입는다고 했다네.[2]

천자께서 환공에게 제수를 하사하며,

절하지 말라 명했었지.

환공은 그래도 감히 따르지 못하고,

천자의 위엄 지척에 대하듯 하였다네.

진 문공도 패자가 되어,

천자를 섬겼었지.

제기(祭器)를 받고,

제사용 곡물과 술과 붉은 활 하사받았다네.

검은 활과 화살 천 자루에,

호위 군사 삼백 인을 받았다네.

위엄으로 제후를 복종시켰으니,

본받는 자 역시 존귀해졌다네.

팔방에서 소문 들으니,

그 명성 제 환공에 버금갔네.

하양(河陽)에서 회맹(會盟)시에,

---

2) 공자는 관중(管仲)이 제 환공을 도와 패업을 성사시켜줌으로써 후손이 그 은혜를 입는다고 칭찬하였다.

주왕을 우롱하니,
그 때문에 명성에 논란이 분분하네.

周西伯昌, 懷此聖德. 三分天下, 而有其二.
修奉貢獻, 臣節不墜. 崇侯讒之, 是以拘繫.
後見赦原, 賜之斧鉞. 使得征伐, 爲仲尼所稱,
達及德行, 猶奉事殷, 論敍其美.
齊桓之功, 爲霸之首. 九合諸侯, 一匡天下.
一匡天下, 不以兵車. 正而不譎, 其德傳稱.
孔子所歎, 開稱夷吾, 民受其恩. 賜之廟胙,
命無下拜. 小白不敢爾, 天威在顏咫尺.
晋文亦霸, 躬奉天王. 受賜珪瓚, 秬鬯彤弓.
盧弓矢千, 虎賁三百人.
威服諸侯, 師之者尊. 八方聞之, 名亞齊桓.
河陽之會, 詐稱周王, 是以其名紛葩.

2

술을 대하고 노래불러야지,
인생이 얼마나 되겠는가!
아침 이슬과도 짧은 인생,

지난날은 고통만 많았구나.
비분강개하여 노래불러보건만,
근심은 잊을 수가 없구나.
어떻게 근심을 풀어볼까?
오직 두강의 술만이 있을 뿐.[3]
사모하는 그대는,
아득히 내 마음에 남아 있어,
오로지 그대 때문에,
지금까지 나직이 읊조리네.
"유유"하고 울어대는 사슴,
들판의 풀을 뜯는구나.
내게 훌륭한 손님 온다면,
거문고 뜯고 생황 불어 맞이하리.
밝디밝은 저 달은,
어느 때에야 딸 수 있으리?
마음에 솟는 근심,
끊을 수가 없구나.
이리저리 먼 길 지나,
황송하게도 찾아와주신다면,
오랜만에 만나 잔치를 벌이고,

---

3) 두강(杜康)은 술을 맨 처음 만들었다는 전설 속의 인물.

옛 정분 마음에 간직하리.
달 밝고 별 희미한데,
까막까치 남으로 날다가,
나무 주위 세 바퀴를 돌아보니,
어느 가지에 의탁할까?
산은 아무리 높아도 싫다 않고,
바다는 아무리 깊어도 싫다 않듯,
주공은 식사도 멈추고 인재 구했기에,[4)]
천하 인심이 그에게 돌아갔네.

對酒當歌, 人生幾何? 譬如朝露, 去日苦多.
慨當以慷, 憂思難忘. 何以解憂? 唯有杜康.
靑靑子衿, 悠悠我心. 但爲君故, 沈吟至今.
呦呦鹿鳴, 食野之苹. 我有嘉賓, 鼓瑟吹笙.
明明如月, 何時可掇? 憂從中來, 不可斷節.
越陌度阡, 枉用相存. 契闊談䜩, 心念舊恩.
月明星稀, 烏鵲南飛, 繞樹三匝, 何枝可依?
山不厭高, 海不厭深. 周公吐哺, 天下歸心.

---

4) 주공(周公)은 천하가 어느 정도 안정된 후에도 한 끼의 식사 도중에 세 차례나 먹던 음식을 토해내고 손님을 맞이하였으며, 머리 한 번 감다가도 세 차례나 머리를 쥐고 손님을 맞이하였다고 한다. 인재를 구하는 일에 전념하였음을 가리킨다.

정 렬

이 시는 조조의 만년작이다. 누구나 죽는다는 규율 앞에서 남은 날이 많지 않음을 안타까워하는 마음을 노래하였다.

제목인 '정렬(精列)'은 곡조의 이름인데 '정화의 분해,' 즉 생명 본체의 분해인 죽음을 의미한다. 『악부시집』 26권에 보인다.

생물이 처음 태어난 것은,
조물주가 빚어낸 것이니,
종말이 없는 것이 없도다.
종말이 없는 것이 없도다.
성현도 면할 수가 없으니,
어찌하여 그 일로 근심하리오?
이룡의 수레를 타고 가,[1)]
곤륜산에 살고 싶도다.[2)]

곤륜산에 살고 싶도다.

신령을 기약하며,

봉래산에 뜻을 두었었네.[3]

봉래산에 뜻을 두었었네.

주공과 공자 같은 성인도 죽었으며,

회계산(會稽山)엔 우임금의 무덤 있네.

회계산엔 우임금의 무덤 있네.

길고 긴 세월에 그 누가 영원하리?

그래서 군자는 근심하지 않는다네.

만년이 된 것을 어찌하리오?

과거는 지나가고 남은 날은 많지 않네.

精 列

厥初生, 造化之陶物, 莫不有終期. 莫不有終期.

聖賢不能免, 何爲懷此憂? 願螭龍之駕, 思想崑崙居.

思想崑崙居. 見期於迃怪, 志意在蓬萊. 志意在蓬萊.

---

1) 이룡(螭龍)은 전설 속에 나오는 뿔이 없는 용이다.
2) 곤륜산(崑崙山)은 신선들이 산다는 신산(神山)이다.
3) 봉래산은 신화에 등장하는 동해의 산으로 신선들이 사는 산이다. 역대의 방사(方士)들이 불로장생의 약을 구하고자 이 산을 찾았다고 한다.

周孔聖徂落, 會稽以墳丘. 會稽以墳丘.
陶陶誰能度? 君子以弗憂. 年之暮奈何, 時過時來微.

맥상상

이 시는 유선시(遊仙詩)로서 천상에서 신선을 만난 일을 기록하였다. 유선시는 본래 굴원(屈原)에게서 시작되었으며, 그 후에 악부의 옛 노래 가운데 「동도행(董逃行)」「보출하문행」「왕자교(王子喬)」와 조조의 이 시 및 「기출창(氣出唱)」「추호행(秋胡行)」, 그리고 조비의 「절양류행(折楊柳行)」이 있다. 당시에 이미 유선시가 유행하였음을 알 수 있다.

이 시는 조조의 만년의 작품으로 다른 시들과는 그 풍격이 매우 다르며, 낭만적인 색채가 풍부하다. 『악부시집』 28권에 보인다.

무지개를 몰아, 붉은 구름 타고서,
저 구의산에 올라 옥문을 지났네.[1]

---

1) 구의산(九疑山)은 순임금이 묻혔다는 산, 옥문(玉門)은 천제(天帝)의 궁문(宮門)이다.

은하수를 건너, 곤륜산에 이르러,
서왕모를 뵙고 동군을 알현했네.[2]
적송과 교제하고, 선문과 친구되어,[3]
신선의 비법 전수받고 정신을 수양했네.
영지의 꽃을 먹고, 단 샘물을 마시며,
계수나무 지팡이를 짚고 추란(秋蘭)을 찼다네.
인간사를 끊고, 대자연에 노닐어,
마치 질풍과도 같이 훨훨 날았다네.
햇빛 꼼짝하기도 전에, 천리를 가니,
남산처럼 장수하며 자신의 과오 잊지 않네.

陌上桑

駕虹霓, 乘赤雲, 登彼九疑歷玉門.

濟天漢, 至崑崙, 見西王母謁東君.

交赤松, 及羨門, 受要秘道愛精神.

食芝英, 飮醴泉, 拄杖桂枝佩秋蘭.

絶人事, 遊渾元, 若疾風遊欻飄翩.

景未移, 行千里, 壽如南山不忘愆.

---

[2] 서왕모(西王母)는 곤륜산에 산다는 전설 속의 신선이며, 동군(東君)은 태양의 신이다.
[3] 적송(赤松)과 선문(羨門)은 모두 신선의 이름이다.

제2부

난세를 헤치며 천하 통일의 길을 가다

조조의 문장은 모두 백오십여 편이 전한다. 그 가운데 거의 대부분이 동란에 빠진 국가를 정돈하는 과정에서 쓴 글로서, 하위 부서에 내린 명령서나 황제에게 올리는 공문 성격의 글이다. 그 밖에 남에게 보낸 편지나 제문, 그리고 집안일에 관해 쓴 글이 몇 편 있다.

그의 글은 그의 남다른 문학적 소양을 반영하듯 변문(騈文)과 산문(散文)이 섞인 유려한 문체로 되어 있으며, 수많은 고서의 글을 인용했는가 하면 역사 사실을 인용하여 그의 출중한 학식을 보여주기도 한다. 극도로 분열된 국가를 통일해나가는 다방면에 걸친 그의 정책이나 행동 방식 등을 잘 보여준다.

원소에게 답함

원소는 한말 호족으로서 당시 지주 집단의 정치적 대표 주자였다. 동탁이 난을 일으키자 관동의 각 지방 장관들이 연합하여 동탁을 토벌하고자 하였는데 이때 원소는 발해 태수의 신분으로 군대를 일으켜 그들의 맹주가 되었다. 원소는 유주목(幽州牧)이었던 유우(劉虞)를 내세워 따로 조정을 세우고 조조와 연합하고자 하였으나 조조에게 거절당했다. 원소는 하북(河北) 지방에 할거한 조조의 북방 통일에 있어서 가장 강력한 경쟁자였으나 결국 조조에게 정벌된다. 이 글은 190년 34세 때 쓴 글로 『위지(魏志)』, 「무제기(武帝紀)」의 주에 보인다.

동탁의 죄가 세상에 드러난 터에 우리가 대중을 모아 의병을 일으키니 멀고 가깝고를 떠나 호응하지 않는 이가 없습니다. 이것은 의로움으로써 움직였기 때문입니다. 지금 어린

임금이 나약하여 간신들에게 통제당하고 있으나 아직 창읍왕의 잘못에는 이르지 않았습니다.[1] 그런데 하루아침에 그를 바꿔친다면 천하를 누가 안정시키겠습니까? 귀하께서 북방에서 신하의 입장을 지키신다면 저는 서쪽으로 나아가 동탁을 토벌하겠습니다.

答袁紹

董卓之罪, 暴於四海, 吾等合大衆, 擧義兵, 而遠近莫不響應, 此以義動故也. 今幼主微弱, 制於奸臣, 未有昌邑亡國之釁, 而一旦改易, 天下其孰安之? 諸君北面, 我自西向.

---

1) 창읍왕(昌邑王) 유하(劉賀)는 소제(昭帝) 사후에 황제에 즉위했으나 이십칠일 만에 곽광(霍光)에 의해 쫓겨났다.

작위를 사양하며 올리는 글

196년 건안 원년 정월, 조조는 조홍(曹洪)을 서쪽으로 파견하여 헌제를 모셔오게 하였으나 동승(董承)과 양봉(楊奉) 등에게 거절당했다. 이월, 조조가 여남(汝南)과 영천(潁川)의 황건적을 진압하자 헌제는 그에게 건덕장군(建德將軍)의 지위를 주었으며, 유월에는 다시 진동장군(鎭東將軍)의 지위를 내리면서 부친의 작위였던 비정후(費亭侯)를 세습하게 하였다. 조조는 이 글 외에 다시 「상서양비정후(上書讓費亭侯)」로 작위를 사양하다가 끝내는 받아들이고 「사습비정후표(謝襲費亭侯表)」를 올려 감사를 표하였다. 그 밖에도 무평후(武平侯)로 높여 봉해지자 「상서양증봉무평후(上書讓贈封武平侯)」와 「상서양증봉(上書讓贈封)」으로 사양하기도 하였다. 42세 때의 글로, 『예문유취(藝文類聚)』 51권에 보인다.

신하인 제가 포악한 반역도를 벌하여 제거하고 두 주를

안정시키니 사방에서 조공을 바치면서 저의 공이라고 합니다.[1] 전에 소하(蕭何)는 관중에서의 공로로 가족이 모두 봉읍지를 받았으며, 등우(鄧禹)는 하북에서의 공적으로 여러 현의 봉읍지를 받았습니다. 그런데 이번의 공적과 실제를 살피건대 제 공은 아닙니다. 제 조부께선 중상시후로서 단지 황제를 수행하며 좌우에서 모셨으니 주된 일은 하지 않으셨으며 또 무기를 휴대하지도 않았습니다. 그런데도 작위를 받아 삼대에까지 이어지고 있습니다. 제가 알기에 『주역(周易)』, 「예괘(豫卦)」에 "작위를 받아 전쟁에 나아가기에 이롭다"고 하였는데 공이 있어야만 제후에 봉해진다는 말입니다. 또 『주역』, 「송괘(訟卦)」 육삼(六三) 효사(爻辭)에는 "전에 얻은 것을 먹으며 혹 전쟁에 나아간다"라고 하였습니다. 이 말은 선조에게 큰 덕이 있고 전쟁에서 공이 있으면 자손이 그 봉록을 얻게 됨을 가리킵니다. 엎드려 생각하옵건대 폐하께서는 천지와도 같은 큰 어짊을 베풀고 비와 같은 은택을 내리시어 제 아버지의 충성스런 시중을 기억하시고 제 전쟁터에서의 미천한 일을 받아들이시어 특별한 조서로 후한 상을 내리시니 큰 영광이 멀리 퍼질 것입니다. 그러나 이는 저같이 약하고 어리석은 자가 감당할 수 있는 바가 아니옵니다.

---

1) 192년에 황건적을 토벌하여 청주를, 195년에 장막(張邈)과 여포(呂布)를 패퇴시키고 연주를 평정했다.

上書讓封

臣誅除暴逆, 克定二州, 四方來貢, 以爲臣之功. 蕭相國以關中之勞, 一門受封; 鄭禹以河北之勤, 連城食邑. 考功效實, 非臣之勳. 臣祖父中常侍侯, 時但從輦, 扶翼左右. 旣非首謀, 又不奮戟, 并受爵封, 曁臣三葉. 臣聞『易‧豫卦』曰: "利建侯行師." 有功乃當進立以爲諸侯也. 又『訟卦』六三曰: "食舊德, 或從王事." 謂先祖有大德, 若從王事有功者, 子孫乃得食其祿也. 伏惟陛下垂乾坤之仁, 降雲雨之潤, 遠錄先臣扶掖之節, 采臣在戎犬馬之用, 優策褒崇, 光耀顯量, 非臣㢙頑所能克堪.

개혁할 바에 대하여 올리는 글

조조가 헌제를 허도로 모시고 정권을 장악한 후에 정치와 인사에 관한 개혁 사항을 건의하였다. 본문에 따르면 열네 가지의 사항이 있었으나 그 구체적 내용은 전하지 않고 서문인 이 글만 남았다. 196년에 쓴 글로 『예문유취』 51권에 보인다.

폐하께서 즉위하시고 저를 시험삼아 써주시었는데 마침내 상장(上將)의 임무를 맡아 두 주를 통괄하고 국가의 중대사에 참여하게 되었으니, 실로 이는 제가 감당하지 못할 일입니다. 전에 한비자는 한나라가 기세가 꺾이어 약화되는 것을 슬퍼하면서도 부국강병과 현명하고 능력 있는 이를 등용하는 일에 힘쓰지 않았습니다. 저는 자그마한 능력으로 국가의 중임을 맡았으며 어둡고 둔한 재주로 밝은 정사를 받들게 되었습니다. 은덕과 책임을 생각하니 힘을 다하여 신명을 바

칠 때입니다. 예로부터의 제도와 지금의 실제에 마땅한 일 열네 가지 사항을 열거하여 다음과 같이 올리오며 폐하의 태양빛에 뭇 반딧불만이라도 더해볼까 합니다. 시원찮아 채택함 직하지 못합니다.

陳損益表

陛下卽祚, 復蒙試用, 遂受上將之任, 統領二州, 內參機事, 實所不堪. 昔韓非閔韓之削弱, 不務富國强兵, 用賢任能. 臣以區區之質, 而當鍾鼎之任; 以暗鈍之才, 而奉明明之政. 顧恩念責, 亦臣竭節投命之秋也. 謹條遵奉舊訓權時之宜十四事, 奏如左, 庶以蒸螢, 增明太陽, 言不足采.

둔전 설치에 관한 명령

조조가 헌제를 모시고 허도로 천도한 후 그곳에서 둔전제를 실시하였으며 후에 점차 확대하였다. 둔전제란 원래 변방 주둔의 병사들로 하여금 황무지를 개간하여 생산하게 함으로써 군용에 대비하던 제도였다. 조조는 이 둔전제를 중원에 시행하였는데, 이 제도는 농업 생산의 증가에 크게 공헌하였다. 둔전은 전시에는 싸우고 평시에는 농사짓는 군둔(軍屯)과 유민에게 땅을 주어 개간하게 하고 그 생산물의 일정 부분을 정부에 납부하게 하는 민둔(民屯)을 포함한다. 196년의 글로, 『위지』, 「무제기」의 주에 보인다.

무릇 나라를 안정시키는 방책은 군사력을 강화하고 먹을 것을 충족시키는 데에 있다. 진나라 사람들은 농사에 힘써 천하를 통일하였으며 한 무제(武帝)는 둔전의 정책으로 서역을 평정하였다. 이는 선대의 훌륭한 방책이다.

置屯田令

夫定國之術, 在於强兵足食. 秦人以急農兼天下, 孝武以屯田定西域, 此先代之良式也.

순욱에게 보내는 글

순욱(荀彧)은 조조의 중요한 참모로서 여러 차례 조조에게 인물을 천거하였다. 후에 조조에게 미움을 받아 근심 속에 죽어갔다. 이 글 외에도 적에게 쫓기면서 그때의 상황을 알리고 자신감을 표명하는 메모 형식의 글이 있다. 또 황제에게 순욱을 만세정후(萬歲亭侯)에 봉할 것을 청하는 글이 있으며, 순욱이 야전에서의 전공이 없음을 들어 사양하자 인물 천거와 계책 수립 등의 공을 크게 인정하며 작위를 받을 것을 권하는 글도 있다. 그외에도 그의 작위를 높이려는 상소문과 그에게 보낸 몇 편의 편지가 더 있다. 196년의 글로,『위지』,「곽가전(郭嘉傳)」에 보인다.

희지재(戲志才)가 죽고 난 후에 같이 일을 꾀할 사람이 없습니다. 여영(汝潁) 지방은 본디 특이한 인물이 많은 곳인데 누가 그의 뒤를 이을 수 있겠습니까?

與荀彧書

自志才亡後, 莫可與計事者, 汝潁固多奇士, 誰可以續之?

여포에게 보내는 글

원술이 회남(淮南)에서 황제가 되어 반역하자 당시 서주(西州)에 할거하던 여포를 중립에 세워두기 위해 조조가 친히 써보낸 글이다. 헌제의 명의로 여포를 평동장군(平東將軍)에 봉하는 조서와 인수(印綬)를 함께 보냈다. 같은 해 가을 조조는 원술을 패퇴시켰으며, 다음해에는 다시 여포를 정벌하여 처형시켰다. 당시에 조조는 이미 무평후의 작위에 봉해졌다. 197년의 글로, 『위지』, 「무제기」의 주에 보인다.

전에 장군에게 보낸 봉서(封書)와 인수를 산양둔(山陽屯)에서 잃어버렸습니다. 나라에 좋은 금이 없어 제가 집안의 금으로 다시 인장을 만들었습니다. 또 국가에 자수(紫綬)가 없어 제가 지니던 자수로 위로드리고자 합니다. 장군께서 사자로 보낸 이가 시원치 않아 원술이 천자를 자칭하였을 때

장군이 올린 보고가 전해지지 않았습니다. 조정에서는 장군을 신뢰하오니 다시 보고하여주시어 충성심을 밝혀주십시오.

手書與呂布

　山陽屯送將軍所失大封. 國家無好金, 孤自取家好金更相爲作印. 國家無紫綬, 自取所帶紫綬以籍心. 將軍所使不良. 袁術稱天子, 將軍上之而使不通章. 朝廷信將軍, 使復重上, 以相明忠誠.

송금생을 잡고 올리는 글

요술로 병사들의 마음을 어지럽히는 자를 잡아 처형한 일을 보고하는 글이다. 199년의 글로, 『어람(御覽)』 337권에 보인다.

제가 전에 하내(河內)군 획가(獲嘉)현의 여러 진영에 파병하여 토벌하던 중에 포로를 잡았는데, 그는 말하길 "하내에 송금생이라는 신통스런 자가 있는데 그는 여러 군영에 명하여 '방어물을 지킬 필요가 없다. 내가 개를 시켜 너희 대신 지키게 하겠다'고 하였습니다. 그 말을 따르지 않은 어떤 병사가 밤에 군대의 무기 소리를 들었는데 다음날 보니 호랑이 흔적만이 남아 있었을 뿐이었답니다"라 했습니다. 저는 즉각 무맹도위(武猛都尉)인 여납(呂納)에게 명하여 그자를 잡아 군법에 따라 처형했습니다.

掩獲宋金生表

臣前遣討河乃·獲嘉諸屯, 獲生口, 辭云: "河內有一神人宋金生, 令諸屯皆云鹿角不須守, 吾使狗爲汝守. 不從其言者, 卽夜聞有軍兵聲, 明日視屯上, 但見虎迹." 臣輒部武猛都尉呂納, 將兵掩獲得生, 輒行軍法.

원소를 격파하고 올리는 글

200년, 조조는 관도(官渡)에서 원소와 서너 달에 걸친 큰 싸움을 벌여 십만 대군을 격파하였다. 대패하여 도망쳤던 원소는 두 해 뒤에 병으로 죽었다. 이 승전으로 조조는 기주(冀州)·청주(青州)·유주(幽州)·병주(幷州)에 할거했던 호족 집단을 분쇄하고 북방 통일의 기틀을 마련했다. 이 글은 승전을 헌제에게 알리는 글이다. 『위지』, 「무제기」의 주에 보인다.

대장군이며 업후(鄴侯)인 원소는 전임 기주목(冀州牧) 한복(韓馥)과 함께 전임 대사마 유우를 제위에 즉위시키고 옥새를 만들어서는 전임 임(任)현 현장 필유(畢瑜)를 보내 황제가 된 것은 천명에 의한 것이라고 말했습니다. 또 원소는 제게 글을 보내 "견성(鄄城)에 도읍을 정하고 마땅히 황제를 세워야 할 것이다"라고 말했습니다. 또 멋대로 각종 인장을 만들어내니 효렴[1]이나 관리들이 모두 원소에게 갔습니다. 사촌동생이자 제양태수(濟陽太守)인 원서(袁敍)가 원소에게 보낸 글에서는, "지금 천하가 허물어져 하늘의 뜻이 우리 집안에 있으니 신령이 도울 것이요, 형님께서 존위를 차지하셔야 합니다. 남방의 원술형님은 그 신하들이 즉위시키려 하지만 그 형님조차도 북방의 원소형님이 나이가 위인지라 높은 지위를 차지해야 한다고 하셨습니다. 그리고 옥새를 보내며 조조군과 만나면 길을 막겠다고 하셨습니다"라고 했습니다. 원소의 집안은 대대로 나라의 커다란 은혜를 받았는데도 흉악무도하여 이 지경에 이르렀습니다. 이에 병마를 정돈하여 관도(官渡)에서 그와 싸워 조정의 위엄에 의지하여 원소의 대장 순우경(淳于瓊)등 여덟 사람의 목을 베고 그들을 대파시켰습니다. 원소와 그 아들 원담(袁譚)은 빈 몸으로 패주하였으며, 목을 벤 적은 칠만여 명에 이르며 노획한 물품은 십억 점이나 됩니다.

---

[1] 효렴(孝廉)은 이십만 호 이상의 지방에서 매년 한 사람을 천거하여 관직을 주는 관리 선발 방법이다. 또 이에 선발된 이를 가리키기도 한다.

上言破袁紹

大將軍鄴侯袁紹，前與冀州牧韓馥，立故大司馬劉虞，刻作金璽，遣故任長畢瑜詣虞，爲說命祿之數．又紹與臣書云："可都鄴城，當有所立．"擅鑄金銀印，孝廉計吏，皆往詣紹．從弟濟陰太守敘與紹書云："今海內喪敗，天意實在我家，神應有徵，當在尊兄．南兄，臣下欲使卽位，南兄言，以年則北兄長，以位則北兄重．便欲送璽，會曹操斷道．"紹宗族累世受國重恩，而凶逆無道，乃至於此．輒勒兵馬，與戰官渡．乘聖朝之威，得斬紹大將淳于瓊等八人首，遂大破潰．紹與子譚輕身迸走，凡斬首七萬餘級，輜重財物巨億．

서선의 진교 비방과 관련하여

서선(徐宣)과 진교(陳矯)는 모두 조조의 부하로서 사이가 나빴다. 진교는 같은 집안 여인을 아내로 맞이하였는데, 서선은 이를 여러 차례 대중 앞에서 비난하였다. 이에 대해 조조는 지나치게 과거의 일에 매달리지 말 것을 명령하였다. 이는 조조의 내부 분열 방지와 인물 등용의 한 원칙을 보여준다.

동란이 일어난 이래 풍속이 흩뜨려졌으니 비방하는 말로 사람의 잘잘못을 판단하기는 어렵다. 건안 시기 오 년 이전의 일은 일체 논하지 말라. 그전의 일을 가지고 남을 비방하는 자에게는 그 죄를 반대로 적용하여 벌하리라.

爲徐宣議陳矯下令

喪亂以來, 風敎凋薄, 謗議之言, 難用褒貶. 自建安五年以前, 一切勿論, 其以斷前誹議者, 以其罪罪之.

조지의 아들 처중에게 작위를 주고
조지의 제사를 지낼 것을 명함

조지(棗祗)는 일찍이 조조를 도와 동탁을 토벌한 장수로서 연주 지역을 공고히하는 데 큰 공을 세웠다. 또 허도로 옮긴 후에 둔전제를 시행함에 있어 둔전도위(屯田都尉)를 맡아 군량 조달에 큰 공을 세웠다. 이 글은 그의 아들 처중에게 작위를 내리는 글로서, 둔전제 시행과 관련한 중요한 내용을 담고 있다. 당시의 둔전제는 관에서 소를 빌려 농사짓는 경우에는 수확의 육 할을, 개인의 소인 경우에는 오 할을 납부하였다. 이는 후한 시기 백성에게서 받았던 가장 높은 비율의 세금이었으며, 당시의 황폐화한 농업 진흥에는 크게 도움이 되었다. 201년의 글로, 『위지』, 「임준전(任峻傳)」의 주에 보인다.

죽은 진류태수 조지는 천성이 충성스럽고 유능하였다. 처음에 같이 의병을 일으켜 토벌 전쟁에 참여했으며, 후에 원

소도 기주에 있을 때에 그를 탐내 얻고자 하였다. 조지는 마음 깊이 내 편에 섰으며 동아현(東阿縣)을 맡았다. 여포가 난을 일으켜 연주 지방이 온통 배반하였으나 오직 범현(范縣)과 동아현만은 온전하였으니 이는 조지가 지키고 있었던 덕분이다. 후일 대군에 군량이 부족하였으나 동아현의 도움으로 유지할 수 있었으니 이는 조지의 공이다. 황건적을 토벌하고 허도에 정도하여 도적들의 농사 도구를 얻어 둔전제를 시행할 때에, 사람들은 모두 관에서 준 소의 수에 따라 정해진 곡식을 수납해야 하며 규정도 이미 정해졌다고 말하였다. 그렇게 시행한 후에 조지는 소의 수에 따라 곡식을 받으면 풍년이라고 더 받지 않고 수재나 한발에는 면제하니 매우 불편하다고 하였다. 반복하여 말했으나 나는 마땅히 예전대로 해야 한다고 여겨 풍년에도 양을 변경할 수 없다고 하였다. 조지가 여전히 고집하는 터라 내 어찌해야 할지 몰라 순욱과 논의하였다. 당시 군영의 수석참모였던 후성(侯聲)은 "관에서 빌려준 소를 기준으로 하여 곡식을 받는 것은 관 소유의 둔전을 위한 발상입니다. 조지의 견해를 따르면 관에게는 유리하지만 유민들에게는 불리합니다"라고 하였다. 후성이 그리 말하자 순욱도 결정하지 못하였다. 조지는 여전히 자신 있게 계획을 말하면서 생산량에 따라 납부하게 하는 방안을 고집하였다. 나는 옳다고 여겨 그를 둔전도위로 삼고 둔전과 관련된 업무를 관장하게 하였다. 그해에 풍년이 들었으며 후에 둔전을 확대하니 군량은 풍족해졌으며 뭇 역도들을 멸하고 천하를 안정시켜 왕실을 융성시킬 수 있었으니 이는 조지의 공이다. 불행히 일찍 세상을 떠나 진류군의 태수에 봉하였으나 그의 공에는 아직 미치지 못한다. 지금 거듭 생각해보니 조지는 마땅히 작위를 받아야 하는데도 아직까지 계류중이니 이는 내 잘못이로다. 조지의 아들 처중에게 작위를 주고 영원히 조지의 제사를 지내게 함이 마땅할 것이다.

加棗祗子處中封爵幷祀祗令

故陳留太守棗祗, 天性忠能. 始共擧義兵, 周旋征討. 後袁紹在冀州, 亦貪祗, 欲得之. 祗深附托於孤, 使領東阿令. 呂布之亂, 兗州皆叛, 惟范·東阿完在, 由祗以兵據守之力也. 後大軍粮乏, 得東阿以繼, 祗之功也. 及破黃巾定許, 得賊資業, 當興立屯田, 時議者皆言當計牛輸谷, 佃科已定. 施行後, 祗白以爲僦牛輸谷, 大收不增谷, 有水旱災除, 大不便. 反復來說, 孤猶以爲當如故, 大收不可復改易. 祗猶執之, 孤不知所從, 使與荀令君議之. 時故軍祭酒侯聲云: "科取官牛, 爲官田計. 如祗議, 於官便, 於客不便." 聲懷此云云, 以疑令君, 祗猶自信, 據計劃還白, 執分田之術. 孤乃然之, 使爲屯田都尉, 施設田業. 其時歲則大收, 後遂因此大田, 豐足軍用, 摧滅群逆, 克定天下, 以隆王室,祗興其功. 不幸早沒, 追贈以郡, 猶未副之. 今重思之, 祗宜受封, 稽留至今, 孤之過也. 祗子處中, 宜加封爵, 以祀祗爲不朽之事.

초 지방에 주둔하며 내리는 명령

 관도의 싸움에서 원소의 군대를 크게 물리친 조조는 다시 여남에서 유비의 군대를 격파하고, 202년 정월 고향인 초현에 주둔하였다. 그는 전장에서 죽은 장병을 위해 사당을 세워 그 가족을 위로하는가 하면, 대가 끊긴 경우에는 친척을 찾아 대를 이어주고 농사에 필요한 땅과 소를 주었으며, 또 학교를 세워 고향을 일으키고자 하였다. 잔인한 정벌 전쟁중에서도 자신의 근거지를 보살피기 위해 힘썼던 모습을 보여준다. 202년의 글로『위지』,「무제기」에 보인다.

 내가 의병을 일으켜 천하의 난폭한 자들을 제거하는 동안, 고향 사람들은 거의 다 죽어가 종일토록 다녀보아도 알 만한 이를 만날 수가 없으니 처량하고 슬프기만 하도다. 의병을 일으킨 이래로 후손이 끊긴 장병들에게는 친척을 찾아

그 뒤를 잇게 하고 땅과 소를 주고 학교를 설치하여 가르치고자 한다. 살아남은 후손을 위해서는 사당을 지어 조상에게 제사지내게 하노라. 혼이 있다면 백년이 지난들 어찌 한을 지니겠는가!

軍譙令

 吾起義兵. 爲天下除暴亂. 舊土人民, 死喪略盡, 國內終日行, 不見所識, 使吾凄愴傷懷. 其擧義兵以來, 將士絶無後者, 求其親戚以後之, 授土田, 官給耕牛, 置學師以敎之. 爲存者立廟, 使祀其先人. 魂而有靈, 吾百年之後何恨哉!

돌아가신 태위 교현을 위한 제문

조조가 고향인 초현에 주둔할 때 인근 수양(睢陽)에 묻힌 교현(橋玄)을 생각하여 친히 이 제문을 써 사람을 보내 제사지내게 하였다. 교현은 태위(太尉)를 지냈는데, 태위는 전국의 군사 대권을 지닌 삼공(三公)의 반열에 드는 높은 직책이다. 교현은 일찍이 조조에게 "천하에 장차 난이 일어날 터인데 세상에 으뜸가는 재능이 있는 이가 아니면 구하지 못할 것이오. 난을 안정시킬 수 있는 이는 그대이리라"고 말한 바 있다. 지기(知己)에 대한 진실한 감정이 녹아 있는 글이다. 202년의 글로, 『위지』, 「임준전」의 주에 보인다.

돌아가신 태위 교공께서는 밝은 덕을 널리 펴 사람들을 두루 사랑하고 포용하시었으니 나라에서는 밝은 가르치심을 생각하고 사람들은 뛰어난 계책을 흠모하고 있습니다. 영혼

은 저승에 가고 몸은 묻혔으니 멀리멀리 떠나셨습니다! 제가 어릴 적에 공을 뵈었는데 못난 저를 받아주셨습니다. 저에게 영예가 더해지고 견문이 많아진 것은 모두가 공의 격려 덕분이니, 공자께서 스스로를 안연(顔淵)만 못하다고 하셨으며 이생이 가복의 재능에 매우 탄복한 일과 같습니다.[1] 선비는 자기를 알아주는 이를 위해 죽는다고 하였는데 저는 그 말을 잊지 않고 있습니다. 또 생전에 여유 있게 한 약속을 지키고자 합니다. "죽은 다음에 묘지를 지나게 되었을 때 술을 뿌리고 닭을 바치지 않는다면 수레가 세 걸음을 지나게 될 때 복통이 날 것이니, 그때 탓하지 맙시다"라고 하였습니다. 비록 한때의 우스갯소리이지만 아주 친하고 돈독하지 않다면 어떻게 그런 말을 할 수가 있었겠습니까? 공의 혼이 화를 내어 저에게 병이 나게 할까 두려워서가 아닙니다. 예전의 우의를 생각하니 처량해서입니다. 동쪽으로 정벌을 하던 차에 고향에 주둔하면서 북쪽 땅을 바라보니 묘지가 생각납니다. 간단한 제물을 바치오니 공께서 받아주시옵소서.

---

1) 공자의 말은 『논어』, 「공야장(公冶長)」에, 이생(李生)과 가복(賈復)의 일은 『후한서』, 「가복전(賈復傳)」에 보인다.

祀故太尉橋玄文

 故太尉橋公, 誕敷明德, 泛愛博容, 國念明訓, 士思令謨. 靈幽體翳, 邈哉晞矣! 吾以幼年逮升堂室, 特以頑鄙之姿, 爲大君子所納. 增榮益觀, 皆由獎助, 猶仲尼稱不如顔淵, 李生之厚嘆賈復. 士死知己, 懷此無忘. 又承從容約誓之言: "殂逝之後, 路有經由, 不以斗酒隻鷄過相沃酹, 車過三步, 腹痛勿怪." 雖臨時戲笑之言, 非至親篤好, 胡肯爲此辭乎? 匪謂靈忿, 能詒己疾, 舊懷惟顧, 念之淒愴. 奉命東征, 屯次鄕里, 北望貴土, 乃心陵墓. 裁致薄奠, 公其尙饗!

태산태수 여건을 무재에 천거하는 명령

　태산태수인 여건(呂虔)을 무재(茂才)로 천거하는 명령서이다. 여건은 솔선하여 조조를 도와 연주를 평정하여 태산태수 자리를 맡아 십여 년을 지냈으며 후에 익수정후(益壽亭侯)에 봉해졌다. 무재는 수재(秀才)의 별칭이다. 한 광무제인 유수(劉秀)의 이름인 수(秀)자를 피하여 '무재'라 하였다. 202년의 글로, 『위지』, 「여건전(呂虔傳)」에 보인다.

　뜻을 지니면 반드시 이룰 수 있으니 이것이 열사가 목숨을 거는 까닭이다. 그대가 이곳을 담당한 이래 간악한 이를 잡고 포악한 이들을 토벌하여 백성들이 안주할 수 있었으며, 몸소 화살과 돌을 견뎌내어 싸움에서 승리할 수 있었다. 전에 구순(寇恂)은 여영 지방에서 태수로서 이름을 날렸고, 경엄(耿弇)은 청주와 연주에서 계책을 올렸으니, 고금이 다르지 않도다. 무재에 천거하고 기도위(騎都尉)의 직함을 더해 주며 태산을 다스리는 일은 전과 같이한다.

　　　　　舉泰山太守呂虔茂才令

　夫有其志必成其事, 蓋烈士之所徇也. 卿在郡以來, 禽奸討暴, 百姓獲安, 躬蹈矢石, 所征輒克. 昔寇恂立名於汝·潁, 耿弇建策於青·兗, 古今一也. 舉茂才, 加騎都尉典郡如故.

학문에 힘쓸 것을 명령함

조조는 밖으로는 무공을 세우고, 안으로는 문화 학술을 장려하였다. 203년에 내린 이 명령은 그가 전쟁이 빈번한 가운데에서도 문화 교육 사업에 주의하고 있음을 보여준다. 『위지』, 「무제기」에 보인다.

난이 일어난 이래 십오 년이 지나 청소년들이 인의와 예절의 기풍을 본받지 못하니 내 이를 몹시 마음 아프게 생각한다. 이에 각 군과 제후에게 봉해진 지역에서는 문화와 학술에 힘쓰도록 명하노라. 오백 호가 되는 현에서는 학교를 세워 마을의 총명한 자를 선발해 가르침으로써 선왕의 도가 사라지지 않게 하고 천하에 도움이 되도록 하라.

修學令

　喪亂以來, 十有五年, 後生者不見仁義禮讓之風, 吾甚傷之. 其令郡國各修文學, 縣滿五百戶置校官, 選其鄉之俊造者而敎學之, 庶幾先王之道不廢, 而有以益於天下.

패한 장수에 대한 치죄의 명령

203년 원담(袁譚)의 군대를 대파하고 허도로 돌아온 조조가 군법을 정돈하고 전투력을 강화하기 위해 내린 중요한 명령이다. 『위지』,「무제기」와 『문관사림(文館詞林)』 695권에 보인다.

『사마법』에 이르기를, "퇴각한 장군은 사형에 처한다"고 하였다.[1] 그리하여 조괄의 어머니는 그에 연좌되지 않게 해달라고 빌었다.[2] 이는 옛날에 장군이 밖에서 패전하면 후방의 가족도 벌을 받았기 때문이다. 장군을 파견하여 정벌에

---

1) 『사마법(司馬法)』은 전국 시대 병서의 하나로서 제나라의 군사 제도와 법령 및 관계 저서를 모아 엮은 것이다. 그 가운데에는 명장 사마양저(司馬穰苴)의 저서가 들어 있었으므로 『사마양저병법』이라고도 부른다. 총 백오십 편이나 지금은 다섯 편만이 전해진다.
2) 조괄(趙括)은 조(趙)나라 명장 조사(趙奢)의 아들로서 병서에는 통달했으나 실전 경험이 없이 큰소리치기를 잘했다. 사령관으로서 군사를 이끌고 진(秦)나라와의 싸움에 임했다. 그에 앞서 조괄의 어머니는 조괄의 패전을 예견하고 왕에게 만류하였으며 또 사후에 연좌되지 않게 해줄 것을 청하였다. 결국 조괄은 패하였으나 어머니는 벌을 면하였다.

내보내고서 공에 대한 상만 내리고 죄를 벌하지 않는다면 이는 국법에 맞지 않다. 전쟁에 나가는 장군들이 패전하면 벌을 내릴 것이요, 불리함을 초래하면 직위를 박탈할 것이다.

敗軍抵罪令

『司馬法』: "將軍死綏." 故趙括之母, 乞不坐括. 是古之將者, 軍破於外, 而家受罪於內也. 自命將征行, 但賞功而不罰罪, 非國典也. 其令諸將出征, 敗軍者抵罪, 失利者免官爵.

관리와 무사의 덕행과 능력을 논하는 명령

조조의 인재 등용 원칙은 능력만을 보는 것이었다. 덕행과 능력은 직접적인 관계가 없으며, 난세에는 능력이 최우선이라는 생각을 견지하였던 것이다. 이러한 원칙을 조조는 여러 글을 통해 천명하였다. 실제 그는 이 원칙에 따라 정벌 전쟁에 필요한 수많은 인물들을 수하에 수용할 수 있었으며 그들은 조조의 중원 통일에 크게 공헌하였다. 203년의 글로, 『위지』, 「무제기」의 주에 보인다.

어떤 이는 논의하기를, 군영의 관리 가운데 비록 공적과 능력이 있는 이라도 덕행이 부족하면 지방 장관의 중임을 맡길 수 없다고 한다. 이른바 "도덕심과 능력은 다르다"는 말이 있다. 그리고 관중도 말했다. "현명한 이가 그 능력에 따라 봉록을 받으면 임금이 존귀하게 되고, 투사가 그 공적에 따라 봉록을 받으면 병졸이 죽음을 가볍게 본다. 이들이 국가에 갖춰지면 천하가 잘 다스려진다." 무능하고 싸울 줄 모르는 이들이 봉록을 받으면서 공을 쌓고 국가를 흥성시켰다는 말은 들어보지 못했다. 그러므로 총명한 임금은 공이 없는 신하에게 관직을 주지 않고 싸우지 않는 장수에게 상을 주지 않는다. 태평할 때에는 덕행이 뛰어난 이를 높이지만 전시에는 공적과 능력이 있는 이에게 상을 내린다. 앞에서와 같은 말은 대나무 구멍으로 호랑이를 보는 것과 같은 좁은 소견이다.

論吏士行能令

議者或以軍吏雖有功能, 德行不足堪任郡國之選. 所謂 "可與適道, 未可與權." 管仲曰: "使賢者食於能則上尊, 鬪士食於功則卒輕於死, 二者設於國則天下治." 未聞無能之人, 不鬪之士, 幷受祿賞, 而可以立功興國者也. 故明君不官無功之臣, 不賞不戰之士; 治平尙德行, 有事賞功能. 論者之言, 一似管窺虎歟!

토지 겸병을 금하는 명령

후한 말기는 토지 겸병 상황이 심각하여 농민의 파산이 이어지고 계층간의 대립이 격화됐다. 특히 원소 치하의 하북 지방이 심하였는데 조조는 원소를 물리치고 기주를 점령한 후 즉각 이 명령을 내려 호족 지주의 토지 겸병을 억제하였다. 실제 이는 할거 세력을 견제하는 중요한 정책인 동시에 농업 진흥을 위한 시책이기도 하였다. 204년의 글로, 『위지』, 「무제기」의 주에 보인다.

"국가를 다스리는 이는 부족함을 걱정하지 아니하고 고르지 못함을 걱정하며 가난함을 걱정하지 않고 불안함을 걱정한다." 원씨가 다스릴 때에는 호족들이 멋대로 굴고 친척들이 땅을 겸병했다. 그리하여 백성들은 가난하고 약하여 조세를 대신 납부해야 했으니 가재를 팔아도 그에 따를 수가 없었다. 심배의 종족은 죄인을 숨겨주는 소굴이었으니 백성들이 따르기를 바라고 군대가 강하길 바란들 어찌 그것이 가능했겠는가![1] 조세는 매묘(畝)당 곡식 네 되를 납부하고 한 호당 견(絹) 두 필과 면(綿) 두 근만을 납부하면 된다. 그 밖에 다른 명목을 두지 못한다. 각 지방의 책임자는 잘 살펴서 호족이 숨기지 못하도록 하고 약한 대중이 중복하여 납부하지 않도록 하라.

抑兼幷令

"有國有家者, 不患寡而患不均, 不患貧而患不安." 袁氏之治也, 使豪强擅恣, 親戚兼幷: 下民貧弱, 代出租賦, 衒鬻家財, 不足應命. 審配宗族, 至乃藏匿罪人, 爲逋逃主; 欲望百姓親附, 甲兵强盛, 豈可得邪! 其收田租畝四升, 戶出絹二匹, 綿二斤而已, 他不得擅興發, 郡國守相明檢察之, 無令强民有所隱藏, 而弱民兼賦也.

---

1) 심배(審配)는 원소의 중요한 참모로서 조조에게 피살됐다.

원담을 사형에 처하며

원소가 죽은 후 큰아들 원담은 동생과 서로 기주를 차지하고자 싸웠다. 205년 조조는 그들을 모두 격파했는데, 『위서(魏書)』에는 다음과 같이 기록되어 있다. "조조가 원담을 공략하는데 아침부터 한낮이 되도록 결판이 나지 않자 직접 북채를 잡고 두드리니 병사들이 모두 준비했다가 때맞추어 함락시켰다." 이 글은 원담을 죽여 대중에게 보이며 내린 명령이다. 『위지』, 「왕수전」의 주에 보인다.

감히 소리내 우는 자는 그 처자까지도 베어죽이리라.[1]

---

1) 『위지』, 「왕수전(王修傳)」에는 다음과 같은 기록이 보인다. "원담이 죽었다는 소식을 듣자 왕수는 말에서 내려 통곡하면서 '주군이 없어졌으니 어디로 돌아갈꼬?' 하면서 조조에게 가 원담을 매장하고자 청하였다. 조조는 왕수의 속뜻을 보고자 말없이 허락하지 않았다. 그러자 왕수는 '원씨의 후은을 입었으니 원담의 시체를 거두어줄 수

誅袁譚令

敢哭之者, 戮及妻子.

있다면 그 후에 죽어도 한이 없겠습니다'고 하였다. 조조는 그 뜻을 가상하게 여겨 허락하고서 그에게 독군량의 지위를 주었다." 뜻있는 인물을 아꼈던 조조의 한 면을 보여주는 대목이다.

풍속을 바로잡는 명령

조조는 품행보다는 능력을 중시하였고 또 시비로 인한 내부 분열을 우려했다. 이 글은 파벌을 만들어 근거 없이 남을 왜곡하여 비난하거나 아첨하는 등의 잘못된 풍속을 바로잡으려는 의지가 엿보인다. 205년에 기주목으로서 내린 명령이다. 『위지』, 「무제기」에 보인다.

파벌을 이루어 결탁하는 것은 선현께서 미워하신 일이다. 기주의 풍속을 듣자 하니, 부자간에도 파벌이 다르면 서로 비난한다고 한다. 전에 직불의[1]는 형이 없었으나 세인들은 그를 형수를 훔친 자라 하였다. 제오백어[2]는 세 번 다 아비

---

1) 직불의(直不疑)는 서한 문제(文帝) 때에 대부를 지냈는데 형이 없음에도 불구하고 형수와 사통했다는 비방을 받았다.
2) 제오백어(第五伯魚)는 동한 광무제 때의 관리로서 고아를 아내로 맞

없는 딸을 얻었으나 사람들은 그를 장인 때린 자라고 하였다. 왕봉(王鳳)이 권세를 휘두르자 곡영(谷永)은 그를 신백(申伯)에 비유했다. 왕상(王商)은 충의로웠는데도 장광(張匡)은 그가 사도(邪道)를 지녔다고 하였다. 이는 모두가 흰 것을 검다고 하며 하늘과 왕을 속이는 짓이다. 내 풍속을 바로잡고자 하니 이 네 가지를 없애지 못한다면 수치로 여기겠노라.

整齊風俗令

阿黨比周, 先聖所疾也. 聞冀州俗, 父子異部, 更相毁譽. 昔直不疑無兄, 世人謂之盜嫂; 第五伯魚三娶孤女, 謂之撾婦翁; 王鳳擅權, 谷永比之申伯; 王商忠義, 張匡謂之左道. 此皆以白爲黑, 欺天罔君者也. 吾欲整齊風俗, 四者不除, 吾以爲羞.

이했으나 장인을 구타했다는 비방을 받았다.

벌을 밝히는 명령

 한식의 풍속이 지닌 폐단을 설명하고 금지하는 명령이다. 대중을 아끼는 마음과 합리적 사고가 엿보인다. 205년의 글로, 『예문유취』 4권과 『어람』 28, 30, 869권에 보인다.

 듣자 하니 태원(太原)과 상당(上黨), 서하(西河) 및 안문(雁門) 지방에서는 동지가 지난 후 백오 일째에 불기를 없애고 차가운 음식을 먹으면서 개자추를 위해서라고 한다.[1] 자서(子胥)는 물에 빠져 죽었으나 물을 마시지 않는 오(吳)나라 사람들은 없다. 유독 자추를 위해 차가운 것을 먹는다면

---

1) 개자추(介子推)는 춘추 시대 진(晉) 문공(文公)을 따르던 인물이다. 후에 산속에 은거하여 문공의 초빙에 응하지 않자 문공이 산에 불을 놓아 나오게 하고자 했으나 그는 나오지 않고 불에 타 죽었다고 한다. 한식은 개자추가 불에 타 죽은 것을 애석하게 여기고 그를 기념하기 위한 풍속이라 한다.

어찌 불공평하지 않겠는가? 또 북방은 추운 곳이어서 노약자와 어린이가 견디지 못할까 걱정이다. 명령을 받는 대로 한식을 지내지 말아라. 만약 어기는 경우 가장에게는 반년형을, 담당관에게는 백일형을 내리고 지방 장관에게는 일 년치 급여를 박탈한다.

明罰令

聞太原·上黨·西河·雁門, 冬至後百五日皆絶火寒食, 云爲介子推. 子胥沈江, 吳人未有絶水之事, 至於子推獨爲寒食, 豈不偏乎? 且北方沍寒之地, 老少羸弱, 將有不堪之患. 令到, 人不得寒食. 若犯者, 家長半歲刑, 主吏百日刑, 令·長奪一年俸.

의견을 구하는 명령

조조는 언로(言路)를 확대하여 참모들에게 의견을 구하고자 노력하였을 뿐만 아니라 이를 제도화하고자 하였다. 206년의 글로 전반부는 『위지』, 「무제기」의 주에, 후반부는 『초학기(初學記)』 21권에 보인다.

세상을 다스리고 대중을 거느리기 위해서는 보필할 이를 두고 앞에서 순종하는 것을 경계해야 한다. 『시경』에 이르기를, "내 계책을 따른다면 큰 후회는 없으리라"라고 하였는데, 이는 실로 임금과 대신이 간절하게 구하는 바이다. 내가 중임을 맡고 나서 항상 잘못될까 두려워하고 있는데 근년에 좋은 계책을 들어보지 못했으니 이는 내가 적극적인 의견 청취에 게을러서가 아니겠는가? 오늘부터 각급의 여러 참모들은 고정적으로 월초에 잘못된 점을 들어 말하라. 그러면 들어줄 것이다.

지금부터 각급의 여러 참모들은 고정적으로 월초에 각자의 득실을 올리되 지면에 써서 봉하라. 담당관은 조회 때에 용지와 봉투를 마련하여 공급하라.

求言令

夫治世御衆, 建立輔弼, 誠在面從.『詩』稱"聽用我謀, 庶無大悔." 斯實君臣懇懇之求也. 吾充重任, 每懼失中, 頻年以來, 不聞嘉謀, 豈吾開延不勤之咎邪? 自今以後, 諸掾屬·治中·別駕, 常以月旦各言其失, 吾將覽焉.

自今諸掾屬·侍中·別駕, 常以月朔各進得失, 紙書函封, 主者朝常給紙函各一.

공신들에게 작위를 내리는 글

서방과 동방을 평정하고 북방의 오환족 정벌 준비를 마친 조조는 207년 업성에 돌아와 그간의 공신 이십여 명에게 작위를 주어 그 공을 치하하였다. 자신을 도운 이들에게 항상 각별하게 대우하였던 조조의 부하 관리의 한 면을 보여준다. 『위지』, 「무제기」에 보인다.

내가 의병을 일으켜 폭도를 주멸하여 지금까지 십구 년이 되도록 상대한 적들에게 반드시 승리하였으니, 그것이 어찌 나의 공이겠는가? 바로 현명한 각급 관료들의 힘에 의한 것이리라. 천하가 아직 모두 평정된 것이 아니나, 내 마땅히 그들과 함께 평정할 것이다. 그런데 그 공로를 혼자서 누린다면 내 어찌 편안하겠는가! 서둘러 그들의 공을 평가하여 작위를 내릴 것이다.

封功臣令

吾起義兵, 誅暴亂, 於今十九年, 所征必克, 豈吾功哉? 乃賢士大夫之力也. 天下雖未悉定, 吾當要與賢士大夫共定之; 而專饗其勞, 吾何以安焉! 其促定功行封.

장군과 참모들에게 수입을 나누어주는 글

조조는 여러 공신들에게 상을 내리면서 동시에 자기 봉토의 세금을 나누어 장군들과 참모 및 공이 있는 병졸과 유족들에게 주었다. 이 글은 207년 위의 내용을 명령한 글이다. 눈앞의 욕심보다는 더 큰 것을 꾀하는 지휘관으로서의 책략을 보여준다. 『위지』, 「무제기」의 주와 『문관사림』 695권에 보인다.

전에 조사와 두영[1]은 장군으로 있을 때 하사받은 천금을 모두 부하에게 나누어주었다. 그리하여 큰 공을 세우고 오래도록 명성을 남겼다. 내 그들에 관한 글을 읽고는 늘 그들의

---

1) 조사는 전국 시대 조나라 명장으로, 진(秦)나라 군대를 대파한 공로로 받은 상을 모두 부하에게 나누어주었다. 두영(竇嬰)은 서한 경제(景帝) 때의 대장군으로, 반란을 평정하고 받은 상을 모두 부하들로 하여금 가져다 쓰게 했다.

사람됨을 흠모하였다. 내 여러 장병과 대부들과 함께 전쟁을 치렀는데 다행히 현인들이 계책을 아끼워하지 아니하고 병사들이 힘을 아끼지 않은 덕에 난을 평정하고 큰 상을 받아 삼만 호의 봉읍을 받았다. 조씨와 두씨가 돈을 나누어준 뜻을 돌이켜 생각하며 지금 거두어들인 세금을 여러 장군과 참모 및 진(陳)과 채(蔡) 지방에서부터 함께해준 이들에게 나누어줌으로써 여러 사람들의 노고에 보답하고 큰 은혜를 독차지하지 않고자 한다. 유족에게는 등급에 따라 곡식으로 지급하라. 만약 풍년이 들어 재정이 충족되면 세금은 모두 거두되 반 이상을 대중에게 주어 나누어 가지도록 하라.

分租與諸將掾屬令

昔趙奢・竇嬰之爲將也, 受賜千金, 一朝散之. 故能濟成大功, 永世流聲. 吾讀其文, 未嘗不慕其爲人也. 與諸將士大夫共從戎事, 幸賴賢人不愛其謀, 群士不遺其力, 是以夷險平亂, 而吾得竊大賞, 戶邑三萬. 追思趙・竇散金之義, 今分所受租與諸將掾屬及故戍於陳・蔡者, 庶以疇答衆勞, 不擅大惠也. 宜差死事之孤, 以租穀及之. 若年殷用足, 租奉畢入, 將大與衆人悉共饗之.

순욱의 봉읍지 추가를 청하여 올리는 글

조조는 203년에 순욱에게 만세정후(萬歲亭侯)의 작위를 받아주고 천 호의 식읍지를 주었다. 이 글은 207년에 다시 천 호의 읍지를 더 내려줄 것을 황제에게 청하는 글이다. 조조가 대세를 장악하는 데에 결정적 계기가 된 관도에서의 대회전 배경을 솔직히 서술하였다. 그가 모사(謀士)들을 아끼며 그들의 공을 치켜세워 심복시키는 모습을 잘 보여준다.『후한서』,「순욱전」에 보인다.

전에 원소가 반역하였을 때 관도에서 부대를 모아 싸웠습니다. 당시에 병사는 적고 군량은 부족하여 허도로 귀환하고자 하였습니다. 그런데 상서령이었던 순욱이 심도 있게 계속 주둔함의 유리함을 건의하고 먼 안목으로 저들을 토벌하는 계책을 마련하여 제 마음을 이끌어주고 근심과 염려를 없애주었습니다. 그리하여 군영을 단단히 지키고 저들의 군량을 끊어버리게 했습니다.[1] 그리하여 마침내 도적을 타도하고 위태로움을 안전으로 돌렸습니다. 원소의 군대가 패했을 때 아군의 군량도 역시 떨어져 하북(河北)을 버리고 형남(荊南)을 공략하려는 계획을 세웠습니다. 그러나 순욱이 득실을 두루 설명하여 제 의견을 바꾸어놓았습니다. 그리하여 깃발을 돌려 기주 땅을 얻고 네 주를 평정할 수 있었습니다. 만약 제가 관도에서 퇴군하였다면 원소는 분명 북을 치며 전진하였을 것이니, 적은 유리함을 지니고 용기 백배하고 저는 겁내고 사기가 떨어져 반드시 패배할 국면이었으며 한차례도 이길 수 없는 형편이었습니다. 또 만약 남쪽으로 유표(劉表)를 정벌하느라 연주와 예주(豫州)를 버렸다면 몹시 굶주린 군사로 장강과 면수(沔水)를 건너 유리하지 못했을 것이며 본거지조차 잃었을 것입니다. 그런데 순욱이 두 가지 계책을 건의하여 죽을 상황에서 살아났고 화를 복으로 돌렸으니, 계모와 공의 남다름이 제가 미칠 바가 못 됩니다. 그런 까닭에 선왕이신 고조께서는 목표물을 일러준 공을 높이고 잡아 노획한 공은 낮추셨습니다.[2] 고인들은 장막 안에서의 계책을

---

1) 원소의 군대와 관도에서 대치한 조조는 군대와 군량의 열세 때문에 환도하여 원소를 유인하고자 하였다. 그러나 순욱의 건의로 계속 남아 친히 적을 습격하여 군량을 태우고 원소의 부장이었던 순우경(淳于瓊) 등을 죽여 전세를 역전시키고 원소를 패주시켰다.
2) 유방이 건국한 후 공을 논할 때 무인 가운데 불만을 품는 이가 있자 유방은 사냥을 비유로 들어 설명하였다. 사냥의 목표물을 일러준 이

높이고 공격하는 노고를 낮추셨던 것입니다. 그의 공적을 논하자면 높은 작위를 지니기에 충분한데 세상에서는 그 상황을 알지 못하며 받은 상도 그 공에 맞지 않은지라 실로 안타깝습니다. 재차 논의하여 봉읍지를 더해주시기를 바랍니다.

請增封荀彧表

昔袁紹作逆, 連兵官渡. 時衆寡粮單, 圖欲還許. 尙書令荀彧, 深建宜住之便, 遠恢進討之略, 起發臣心, 革易愚慮, 堅營固守, 徹其軍實; 遂摧撲大寇, 濟危以安. 紹旣破敗, 臣粮亦盡, 將舍河北之規, 改就荊南之策. 彧復備陳得失, 用移臣議, 故得反旆冀土, 克平四州. 向使臣退軍官渡, 紹必鼓行而前, 敵人懷利以自百, 臣衆怯沮以喪氣, 有必敗之形, 無一捷之勢. 復若南征劉表, 委棄兗・豫, 饑軍深入, 逾越江・沔, 利旣難要, 將失本據. 而彧建二策, 以亡爲存, 以禍爲福, 謀殊功異, 臣所不及. 是故先帝貴指踪之功, 薄搏獲之賞; 古人尙帷幄之規, 下攻拔之力. 原其績效, 足享高爵, 而海內未喩其狀, 所受不侔其功, 臣誠惜之. 乞重平議, 增疇戶邑.

의 공이 쫓아가 잡은 이의 공보다 크다며, 모사였던 소하의 공을 높이고 무인들의 공을 사냥개의 공에 비견하였다.

곽가의 죽음을 슬퍼하며 순욱에게 보내는 글

곽가(郭嘉)는 자가 봉효(奉孝)인데 원래 원소의 부하였으나 순욱의 추천으로 조조의 수석참모까지 지냈다. 여포와 원소를 격파하는 데에 여러 차례 훌륭한 계책을 내놓아 조조를 크게 도왔으나 38세의 나이로 요절하였다. 조조는 그의 죽음을 매우 슬퍼하였으며 그의 봉읍의 추증(追贈)을 청하기도 하였다. 이 글은 인재의 죽음에 대한 격앙된 슬픔이 잘 나타난 글로서 역시 조조의 인재를 아끼던 진정을 잘 보여준다. 207년의 글로, 『위지』, 「곽가전」의 주에 보인다.

곽가는 나이 마흔도 되지 않아 나와 십일 년을 같이 지내며 험하고 어려움을 함께 겪었다. 또 통달한 견식으로 세상사에 대해 모르는 바가 없었으므로 사후의 일까지도 부탁하고자 하였다. 그런데 갑자기 잃게 될 줄을 어찌 알았겠는가!

비통하고 마음 아프도다. 지금 그의 아들에게 천 호의 봉읍지를 더해달라고 글을 올렸으나, 죽은 이에게 무슨 도움이 되겠는가? 되돌려 생각하니 아픔만 깊도다. 또한 곽가는 나를 알아준 사람으로서 세상에 알아주는 이가 드문 터이라 더욱 애석하고 가슴 아프도다. 어찌하면 좋으랴, 어찌하면 좋으랴!

與荀彧書追傷郭嘉

郭奉孝年不滿四十, 相與周旋十一年, 險阻艱難, 皆共罹之. 又以其通達, 見世事無所凝滯, 欲以後事屬之. 何意卒爾失之, 悲痛傷心. 今表增其子滿千戶, 然何益亡者? 追念之感深. 且奉孝乃知孤者也, 天下人相知者少, 又以此痛惜, 奈何奈何!

탁군태수에게 고하는 명령

207년 조조가 북방의 오환족을 정벌하고 귀환하는 도중에 탁군(涿郡)을 지나면서 세상을 떠난 노식(盧植)의 과거 행적을 기리며 쓴 글이다. 노식은 박사(博士)를 지냈으며 황건적을 진압하는 데에도 공을 세웠다. 후에 동탁이 소제(少帝)를 폐위시키는 일에 반대하다가 고향인 탁군으로 귀향했다. 현인을 존경하고 전통을 중시하는 조조의 모습을 보여준다. 『위지』, 「노육전(盧毓傳)」의 주에 보인다.

돌아가신 북중랑장(北中郞將) 노식은 천하에 이름을 드날린 유학의 큰 스승으로서 선비들의 모범이며 국가의 기둥이었다. 전에 주 무왕이 은나라를 멸하며 상용에게 작위를 주었으며, 정나라의 자산이 죽자 공자께서 눈물을 흘리셨다.[1] 내 이곳에 이르러 그 이어내려오는 전통을 가상히 여기노라.

『춘추』의 뜻에 따르면 현인의 후손은 남들과 달리 대해준다고 한다. 공경스레 담당 관리를 보내 그의 묘지를 정돈케 하고 좋지 않은 술이나마 보내어 그 덕을 드러내고자 한다.

告涿郡太守令

　故北中郞將盧植, 名著海內, 學爲儒宗, 士之楷模, 乃國之楨幹也. 昔武王入殷, 封商容之閭; 鄭喪子産, 而仲尼隕涕. 孤到此州, 嘉其餘風. 『春秋』之義, 賢者之後, 有異於人. 敬遣丞掾, 修墳墓, 并致薄醊, 以彰厥德.

---

1) 상용(商容)은 은나라의 대부를 지냈는데 폭군 주왕(紂王)에게 간언했다가 쫓겨났다. 자산(子産)은 정(鄭)나라의 대부였는데 매우 현명한 인물로서 그가 죽자 공자가 눈물을 흘렸다.

공융의 죄상을 알리는 글

공융(孔融)은 공자의 20대 후손으로 이른바 건안칠자의 한 사람이다. 그는 헌제 때에 학교를 세우고 유학을 가르쳤으며, 황건적을 진압하는 데 참여했다. 조정에서 황제의 고문관인 태중대부(太中大夫)의 벼슬을 지내기도 한 그는 남다른 가문과 문인으로서의 명망을 믿고 누차 조조에게 간언하다가 미움을 받아 대역무도하다는 죄명으로 피살당했다. 이 글은 그의 죽음에 대한 여론이 좋지 않자 이를 반전시키고자 내린 명령이다. 208년의 글로, 『위지』, 「최염전(崔琰傳)」의 주에 보인다.

태중대부 공융은 의법 처단되었다. 그런데도 세인들은 그의 헛된 명성만 믿고 실상은 알지 못한다. 그가 화려한 글로 괴이한 술수를 부리는 것을 보고는 그 속임수에 현혹되어 풍속을 그르치는 것은 살피지 못한다. 이곳 사람들은 평원(平

原) 출신 예형이 전하는 공융의 말에 따라, 부모라고 해서 남들보다 더 가까운 관계가 아니라고 여긴다. 이는 항아리에 곡식을 채웠다가 기근 때에 못난 아버지보다는 기꺼이 남을 먹여 살리려는 것과 같다.[1] 공융은 하늘의 도리를 어기고 윤리를 어지럽혔으니 비록 시체를 길가에 내건다고 하여도 그 일이 너무 늦었음이 한이다. 다시 이 일을 들어 여러 장교와 참모에게 알린다.

宣示孔融罪狀令

太中大夫孔融旣伏其罪矣, 然世人多采其虛名, 少於核實, 見融浮艷, 好作變異, 眩其訛詐, 不復察其亂俗也. 此州人說平原禰衡受傳融論, 以爲父母與人無親, 譬若缶器, 寄盛其中, 人言遭饑饉, 而父不肯, 寧瞻活餘人. 融違天反道, 敗倫亂理, 雖肆市朝, 猶恨其晚. 更以此事列上, 宣視諸軍將校掾屬, 皆使聞見.

---

1) 예형(禰衡)은 당시에 명망 있던 인물로서 공융과 가까이 교제하였다. 조조를 면전에서 욕했다가 쫓겨나 결국 피살당했다.

장범에게 내리는 명령

세상에 동란이 이어지고 정치적 현실이 어지럽자 당시의 적지 않은 명사들이 세상에 나오려 하지 않았다. 당시 북방에서 영향력이 있던 병원(邴原)은 조조의 초빙에 응하지 않은 인물인데, 장범(張范)이 다시 그를 본받아 조조의 초빙에 응하지 않았다. 이 글은 은근한 비방으로 그를 불러들이고자 한 글이다. 인재 확보에 열중하였던 조조의 일면을 보여준다. 208년의 글로, 『위지』, 「병원전(邴原傳)」의 주에 보인다.

병원은 명망이 높고 덕이 훌륭하며 맑은 인물의 표본으로 세속을 벗어나 우뚝 서서 내 초빙에 응하지 않았다. 듣자 하니 장범도 그를 따라 배우고자 한다고 한다. 아마도 처음에 그리한 경우에는 큰 명성을 얻겠지만 남을 따라 그리한 경우에는 얻을 것이 없을 것이다.

爲張范下令

邴原名高德大,清規邈世,魁然而峙,不爲孤用.聞張子頗欲學之,吾恐造之者富,隨之者貧也.

손권에게 보내는 글

208년 11월, 조조군은 유비와 손권의 연합군과 적벽대전을 벌였다. 손권은 주유(周瑜)를 사령관으로 삼아 응전하여 조조군에게 대승하였다. 이 글 여손권서(與孫權書)의 맨 앞의 글은 조조가 적벽대전 전에 손권을 위협하는 내용이고, 뒤의 글들은 적벽대전에서 패한 후 구실을 찾아 변명하는 내용이다. 208년의 글로 첫째 글은 『오지(吳志)』, 「손권전(孫權傳)」의 주에 보이며, 둘째 글은 『오지』, 「주유전(周瑜傳)」의 주에 보이며, 끝의 글은 『태평환우기(太平寰宇記)』의 『영초산천기(永初山川記)』를 인용한 글에 보인다.

최근에 황제의 분부를 받고 죄인을 토벌하고자 군기(軍旗)를 남으로 향하였더니 유종(劉琮)이 항복하였다. 지금 수군 팔십만을 이끌고 장군들과 더불어 오(吳) 지방을 사냥하

고자 한다.

　　近者奉辭伐罪, 旌麾南指, 劉琮束手. 今治水軍八十萬衆, 方與將軍會獵於吳.

　　적벽에서의 전투는 때마침 병을 얻은 터이라 배를 태우고 물러나 주유로 하여금 헛된 명성만 얻게 하였다.

　　赤壁之役, 值有疫病, 孤燒船自退, 橫使周瑜虛獲此名.

　　적벽에서 곤경에 빠진 것은 운몽택(雲夢澤)을 지나던 중 짙은 안개로 길을 잃었기 때문이다.

　　赤壁之困, 過雲夢澤中, 有大霧, 遂便失道.

전주의 사양에 대한 문제 결정의 교령

전주(田疇)는 원래 유주목 유우의 부하로서, 유우가 공손찬(公孫瓚)에게 살해된 후 공손찬과 그를 이은 원소의 부름에 응하지 않고 가족을 이끌고 산으로 도망쳤다. 북방을 정벌하던 조조가 그의 뜻과 재능을 아껴 초빙하여 그의 도움을 받았다. 그 후 몇 차례 작위를 주려 했으나 전주는 줄곧 사양하였다. 혹자는 그의 고집을 비난하며 파면하고 벌을 주자고 하였다. 조조는 아들 조비와 순욱을 비롯한 주요 모사들과 그 일을 상의하였으나 그들은 모두 전주의 뜻을 받아들일 것을 건의하였다. 그러나 조조는 논공행상의 제도를 바로잡기 위하여 시행을 관철하고자 하였다. 이 글에서 조조는 자신의 의지를 간접적으로 재차 확인시켰으나 결국은 그의 뜻을 따라주었다. 전주의 작위 부여의 문제와 관련된 글로는 이 글 외에 「표론전주공(表論田疇功)」「청전주사봉령(聽田疇謝封令)」「작봉전주령(爵封田疇令)」 등이 있다. 209년의 글로, 『위지』, 「전주전」의 주에 보인다.

전에 백이와 숙제는 작위를 버리고서 무왕을 비난하였으니 어리석다고 하겠다.[1] 그런데도 공자는 그들을 "인(仁)을 구하여 얻었다"고 하였다. 전주의 생각은 비록 이치에 맞지 않기는 하여도 고상하고 청렴하고자 하는 것일 뿐이다. 만약 천하가 모두 전주의 뜻과 같이 된다면, 이는 묵자가 주장하던 평등과 겸애에 해당되고 노자가 주장하던 원시 사회로의 회귀에 해당된다. 비록 밖에서는 좋게 평가하나, 다시 담당 관리로 하여금 결정하도록 명한다.

決議田疇讓官敎

昔夷・齊棄爵而譏武王, 可謂愚暗, 孔子猶以爲"求仁得仁". 疇之所守, 雖不合道, 但欲淸高耳. 使天下悉如疇志, 卽墨翟兼愛尙同之事, 而老聃使民結繩之道也. 外議雖善, 爲復使令司隷以決之.

---

1) 백이(伯夷)와 숙제(叔齊)는 모두 고죽군(孤竹君)의 아들로서 서로 임금 자리를 양보하여 도망갔다. 그들은 주 무왕이 은 주왕을 토벌하는 것에 반대하여 수양산으로 도망가 주나라 곡식 먹기를 거부하여 굶어 죽었다.

현인을 구하는 명령

천하의 안정을 구하기 위해 신분의 고하나 청렴성은 차치하고 오직 재능만 있다면 등용하겠다는 원칙을 재천명한 글이다. 210년의 글로, 『위지』, 「무제기」에 보인다.

옛부터 천명을 받아 나라를 중흥시킨 임금 가운데 현명한 군자를 얻어 그들과 함께 천하를 다스리지 않은 이가 있었던가! 현인을 얻게 되면 흔히 마을 밖을 나서지 않았는데 이는 그를 알게 된 것이 기뻐서였다. 윗사람은 그런 이를 구할 뿐이다. 지금은 천하가 안정되지 못한 터이니 현인을 구하는 일이 몹시 급한 때이다. 맹공작[1]은 조(趙)씨와 위(魏)씨의 가신이 되기에는 넉넉하였으나 등국(騰國)이나 설국(薛國)

---

1) 맹공작(孟公綽)은 노나라의 대부를 지냈는데 청렴하기는 하였으나 재능은 작은 나라의 대부가 되기에도 부족하다고 평가됐다.

의 대부가 되기에는 부족하였다. 만약 반드시 청렴한 자만을 등용했었다면 제 환공이 어떻게 패자가 될 수 있었겠는가?[2] 지금 천하에 위수(渭水) 가에서 낚시질하는 천한 신분의 재능 있는 이가 없다고 할 수 있겠는가?[3] 또 형수와 내통하고 뇌물을 받았으나 무지에게 인정받았던 진평과 같은 인재가 없을 수 있겠는가?[4] 그대들 막료들은 비록 신분이 천하여도 능력 있는 이가 있다면 내게 천거하라. 오직 재능만 보고 천거하라. 내 그들을 등용할 것이다.

求賢令

自古受命及中興之君, 曷嘗不得賢人君子與之共治天下者乎! 及其得賢也, 曾不出閭巷, 豈幸相遇哉? 上之人求取之耳. 今天下尙未定, 此特求賢之急時也. 孟公綽爲趙·魏老則優, 不可以爲滕·薛大夫. 若必廉士而後可用, 則齊桓其何以覇世! 今天下

---

2) 환공이 패업을 이루도록 도와준 재상 관중은 재능은 있었으나 청렴하지는 않았다.
3) 주 문왕은 고기 낚는 천한 신분의 강상(姜尙)을 초빙하여 그의 도움으로 왕실을 부흥시켰다.
4) 진평(陳平)은 청년 시절 형수와 사통하고 뇌물을 받기도 하였으나 위무지(無知)의 추천으로 등용되어 유방(劉邦)을 크게 도왔으며 한의 승상이 되었다.

得無有被褐懷玉而釣於渭濱者乎? 又得無有盜嫂受金而未遇無知者乎? 二三子其佐我明揚仄陋, 唯才是擧, 吾得而用之.

봉읍지를 사양하며 지향을 밝히는 글

210년 조조는 이미 북방을 통일했으며 정치적 기반도 매우 견고하였다. 천자의 명을 받들어 반항하는 할거 세력을 제압하는 것이 조조의 정벌 전쟁의 명분이었으며 또 정치적 기본 전략이었다. 그러나 그의 권세가 커짐에 따라 조정 내부에서도 한 왕실 고수파와 갈등을 면하기 어려웠다. 밖으로는 동남방의 손권과 서남방의 유비 및 서북방의 마초(馬超) 등이 연합하여 조조에게 대항하였다. 그리하여 안팎에서 조조가 한 왕실을 무너뜨리려고 한다고 공격함으로써 그의 정치적 기반을 흔들고 있었다. 이에 조조는 이 글로 자신이 일생 걸어온 경로와 평소 생각을 밝히며, 자신이 한 왕실의 신하로서 불충한 생각이 없음을 천명하였다. 비록 다소간의 가식이 전혀 없을 수는 없겠으나 대체로 거리낌없이 담백하게 자기의 평소 소신을 밝히고 있다. 실제 조조는 절대 대권을 차지한 후에도 스스로 한 왕실을 폐하지는 않았다. 위가 한 왕실을 대체한 것은 그의 아들 조비에 이르러서이다. 이 글은 조조가 자신에 대해 쓴 글로 가장 긴 글이기도 하다. 『위지』, 「무제기」

의 주에 보인다.

　내가 처음에 효렴으로 천거되었을 때[1], 나 자신 은거하는 유명 인사가 못 되는 까닭에 나라 안에서 어리석다고 할 것이 두려웠다. 그리하여 한 군의 태수가 되어 정치와 교화를 잘 시행함으로써 명예를 얻어 세상 선비들이 잘 알아주도록 하고자 하였다. 그리하여 제남에 있을 때에 부패하고 못난 자들을 제거하고 공평하게 인물을 뽑았으나, 결국 황제의 시종관인 상시(常侍)들의 뜻을 거슬렀다. 이에 세도가들의 미움을 받아 가족에까지 화가 미칠까봐 병을 구실로 고향으로 돌아갔다.

　관직을 떠났을 때 나이가 아직 어렸으니, 같은 해에 효렴으로 천거된 이 가운데 쉰 살이 된 이도 늙었다고 하지는 않는 터라, 이후 이십 년이 지나 천하가 안정된 후에라도 같은 해에 처음 천거된 이와 같아질 뿐이라고 속으로 생각하였다. 그러므로 고향에서 초(譙) 동쪽 오십 리 되는 곳에 학사를 짓고, 계절에 따라 가을과 여름에는 독서하고 겨울과 봄에는 사냥하면서, 흙탕물로 길을 막아 손님의 왕래를 막고자 하였

---

1) 조조는 20세에 효렴으로 천거되었다. 효성스럽고 청렴한 이를 천거한다.

으나 뜻과 같이 되지는 않았다. 후에 도위(都尉)가 되었으며 전군교위(典軍校尉)로 승진하여 드디어 뜻이 바뀌었다. 국가를 위해 도적을 토벌하고 공을 세워 후(侯)의 작위를 받고 정서장군(征西將軍)이 되어 후일 묘비에 "한의 정서장군 조후(曹侯)의 묘"라 기록되길 희망하게 되었다. 이것이 뜻한 바였다.

동탁의 난을 당해 의병을 일으켰는데, 이때 군사를 많이 규합할 수 있었으나 늘 스스로 부족하다 여기어 군사가 많지 않기를 원했다. 그 까닭은 군사가 많으면 뜻이 커지고 강적과 싸우고 싶어하여 다시 화근이 될까 해서였다. 그러므로 변수(汴水)에서는 수천 명으로 싸웠고 후일 양주(揚州)에 돌아갔을 때는 더욱 적어 삼천 명도 되지 않았다. 이는 본래 뜻이 한정적이었기 때문이다.

후에 연주를 맡아 황건적 삼십만을 격파하여 항복을 받았다. 또 원술이 구강(九江)에서 월권하니 부하들이 신하라 자칭하며 그 문을 '건호문(建號門)'이라 이름붙였다. 원술도 입고 걸치는 것 모두를 천자의 제도를 따랐으며, 그의 두 부인도 황후 자리를 미리부터 다투었다. 마음과 계획이 정해지자 어떤 이는 원술에게 제위에 올라 천하에 알리라고 하였다. 그러자 답하길, "아직 조조가 있으니 안 된다"고 하였다. 후일 내가 그의 네 장군을 토벌하여 사로잡고 그 일당을 많이 잡아 마침내 원술로 하여금 궁박하게 도망쳐 병들어 죽게 하였다. 원소가 하북 지방을 근거지로 삼아 세력이 강성해졌을 때, 내가 형세를 헤아리니 나는 그의 적이 못 되었다. 다만 죽음으로써 나라를 위하고 의로움을 위해 몸을 바친다면 후일에 이름을 남기기에 족하다고 생각하였다. 다행히 원소를 물리치고 그 두 아들까지 격파하였다. 또 유표가 왕족임을 내세워 간악한 마음을 품고 나섰다 물러섰다 하며 세상일을 살피면서 형주(荊州)에 할거하였는데 내가 정벌하여 천하를 평정하였다. 그리하여 재상의 몸이 되어 신하로서는 최고의 지위에 올랐으니 바라던 바를 이미 넘어섰다. 지금 내가 이렇게 말하는 것은 스스로를 과시하는 듯하나 남의 말을 막으려고 가리지 않고 말할 따름이다. 만약 내가 없었다면 나라에 얼마나 많은 이들이 스스로 황제라 칭하고 왕이라 칭했을지를 알 수 없다.

어떤 때에는 사람들이 내가 강성한 것과 또 천명을 믿지 않는 성격을 보고는 개인적으로 생각하여 불손한 뜻이 있다고 말하며 억측을 할까봐 항상 불안하였다. 제 환공과 진 문공이 오늘날까지 명성을 남긴 것은 막대한 세력을 지니고도 주나라 왕실을 섬겼기 때문이다. 『논어』에 이르기를, "천하의 삼분의 이를 가지고 은나라를 섬겼으니 주의 덕은 지극하다"라고 하였으니, 이는 큰 세력으로 작은 세력을 섬길 수 있었기 때문이다. 전에 악의(樂毅)는 조나라로 도망했는데 조왕이 함께 연나라를 공격하자고 하였을 때, 엎드려 눈물을 흘리며 대답했다. "제가 연나라 소왕(昭王)를 섬겼으며 여전히 대왕을 섬깁니다. 만약 죄를 짓는다면 타국에 유랑하여 죽은 후에야 그만둘 수 있습니다. 조나라의 천민에게조차 어찌하지 못할 터이니 하물며 연나라의 후손에 대해 어쩌겠습니까!" 호해(胡亥)가 몽염(蒙恬)을 죽일 때 몽염이 말했다. "제 선조로부터 자손에 이르기까지 진에서 삼대에 걸쳐 신임을 쌓았습니다. 지금 저에게는 십여만의 장병이 있어서 배반하기에 충분한 형세입니다. 그러나 죽음을 각오하고 의로움을 지킬 사람이 있을 것을 아는 터라 감히 조상의 가르침을 욕되게 하고 선왕을 잊지 못하는 것입니다." 내가 이 두 사람의 글을 읽을 때마다 슬퍼하여 눈물을 흘리지 않은 적이 없었다.

내 조부로부터 나에게 이르기까지 모두가 황제와 가깝고도 중요한 임무를 맡았으니 신임을 받은 경우라 하겠다. 아들 조비와 조식 형제까지라면 삼대를 넘는다. 나는 그대들에게 그렇게 말했을 뿐만 아니라 늘 처와 첩에게도 이야기하여 그런 뜻을 잘 알도록 하였다. 내가 그들에게 말하길, "내가 죽은 후에 너희들은 개가하여 내 마음을 전하여 남들도 모두 알도록 하여라"고 하였다. 나의 이 말은 모두 마음 깊은 곳에서 꼭 하려는 말이다. 간절하게 마음속을 말하는 까닭은 주공이 금등의 글로 자신을 해명한 것을 보았기 때문이며 남이 믿어주지 않기 때문이다.[2]

그러나 내가 멋대로 맡은 바 대군을 버리고 담당관에게 돌려주고서 무평후로 봉읍지에 돌아가는 것은 실로 불가하다. 왜인가? 군대를 떠나면 남에게서 화를 당할까 우려되기 때문이다. 자손을 위해 생각하고 또 내가 망하면 국가가 위태할 것을 생각할 때 헛된 명분 때문에 실제의 화를 부를 수는 없는 것이다. 이것이 그러지 못하는 까닭이다. 이전의 조정에서 세 아들을 후에 봉하는 은전을 내렸으나 고사하고 받지 않다가 지금 받고자 하는 것은 영예를 보태기 위해서가 아니고 외부의 도움으로 안전을 꾀하기 위해서이다. 내가 듣기로 개자추가 진(秦)나라의 작위를 사양하고 신포서(申包胥)가 초나라의 포상을 피했다고 하는데, 그 일을 읽을 때마다 책을 놓고 탄식하지 않은 적이 없었다. 그를 통해 스스로를 반성할 수 있었기 때문이었다. 나라를 위해 황제의 명을 받아 정벌에 나서 약세로 강적에게 이기고 적은 군대로 대군을 붙잡았으니, 뜻한 바는 어그러진 적이 없고 생각한 일은 이루어지지 않은 적이 없다. 마침내 천하를 평정하여 황제의 명령을 욕되게 하지 않았으니, 이는 하늘이 한나라 왕실을

---

2) 주 무왕이 죽을 즈음 동생 주공은 그를 위해 대신 죽고자 기도하는 내용의 글을 밀봉한 금속 상자인 금등(金縢) 속에 남겼다. 후일 무왕의 어린 아들 성왕(成王)이 즉위하고 세간에 주공이 찬탈하리라는 말이 나돌자 주공은 혐의를 피해 낙양으로 도망갔다. 후일 성왕은 그가 남긴 글을 보고 주공을 친히 모셔왔으며 그의 도움으로 왕실을 크게 부흥시켰다.

도우기 때문이지 사람의 힘에 의한 것은 아니라 하겠다. 그러니 네 현을 모두 차지하고 삼만 호의 식읍지를 차지하는 일을 무슨 덕으로 감내할 수 있겠는가! 강호가 아직 조용하지 않으니 직위는 사양하지 못하겠으나 식읍지의 경우는 사양할 수 있도다. 지금 양하(陽夏)와 자(柘), 고(苦) 세 현의 이만 호로부터의 수입은 상부에 반환하고 다만 무평(武平) 지방 만 호의 수입을 받음으로써 비방을 줄이고 나에 대한 질책을 줄이고자 한다.

讓縣自明本志令

孤始擧孝廉, 年少, 自以本非岩穴知名之士, 恐爲海內人之所見凡愚, 欲爲一郡守, 好作政敎以建立名譽, 使世士明知之. 故在濟南, 始除殘去穢, 平心選擧, 違忤諸常侍. 以爲豪强所忿, 恐致家禍, 故以病還.

去官之後, 年紀尙少, 顧視同歲中, 年有五十, 未名爲老, 內自圖之, 從此却去二十年, 待天下淸, 乃與同歲中始擧者等耳. 故以四時歸鄕里, 於譙東五十里築精舍, 欲秋夏讀書, 冬春射獵, 求底下之地, 欲以泥水自蔽, 絶賓客來往之望, 然不能得如意. 後征爲都尉, 遷典軍校尉, 意遂更, 欲爲國家討賊立功, 欲望封侯作征西將軍, 然後題墓道言 "漢故征西將軍曹侯之墓", 此其志也.

面遭值董卓之難, 興舉義兵, 是時合兵能多得耳, 然常自損, 不欲多之. 所以然者, 多兵意盛, 與强敵爭, 倘更爲禍始. 故汴水之戰數千, 後還到揚州更募, 亦復不過三千人, 此其本志有限也.

後領兗州, 破降黃巾三十萬衆. 又袁術僭號於九江, 下皆稱臣, 名門曰"建號門", 衣被皆爲天子之制, 兩婦預爭爲皇后. 志計已定, 有人勸術使遂卽帝位, 露布天下. 答言: "曹公尙在, 未可也." 後孤討禽其四將, 獲其人衆, 遂使術窮亡解沮, 發病而死. 及至袁紹據河北, 兵勢强盛. 孤自度勢, 實不敵之. 但計投死爲國, 以義滅身, 足垂於後. 幸而破紹, 梟其二子. 又劉表自以爲宗室, 包藏奸心, 乍前乍劫, 以觀世事, 據有當州, 孤復定之, 遂平天下. 身爲宰相, 人臣之位已極, 意望已過矣. 今孤言此, 若爲自大, 欲人言盡, 故無諱耳. 設使國家無有孤, 不知當幾人稱帝, 幾人稱王.

或者, 人見孤强盛, 又性不信天命之事, 恐私心相評, 言有不遜之志, 妄相忖度, 每用耿耿. 齊桓·晋文所以垂稱至今日者, 以其兵勢廣大, 猶能奉事周室也. 『論語』云: "三分天下有其二, 以服事殷, 周之德可謂至德矣!" 夫能以大事小也. 昔樂毅走趙, 趙王欲與之圖燕, 樂毅伏而垂泣, 對曰: "臣事昭王, 猶事大王; 臣若獲戾, 放在他國, 沒世然後已, 不忍謀趙之徒隷, 況燕後嗣乎?" 胡亥之殺蒙恬也, 恬曰: "自吾先人及至子孫, 積信於秦三世矣. 今臣將兵三十餘萬, 其勢足以背叛, 然自知必死而守義者,不敢辱先人之教以忘先王也."孤每讀此二人書,未嘗不愴然流涕也.

孤祖父以至孤身,皆當親重之任,可謂見信者矣;以及子桓兄弟,過於三世矣.孤非徒對諸君說此也,常以語妻妾,皆令深知此意.孤謂之言:"顧我萬年之後,汝曹皆當出嫁,欲令傳道我心,使他人皆知之."孤此言皆肝鬲之要也.所以勤勤懇懇敘心腹者,見周公有『金縢』膝之書以自明,恐人不信之故.

然欲孤便爾委捐所典兵衆,以還執事,歸就武平侯國,實不可也.何者?誠恐己離兵為人所禍也.既為子孫計,又己敗則國家傾危,是以不得慕虛名而處實禍,此所不得為也.前朝恩封三子為侯,固辭不受,今更欲受之,非欲復以為榮,欲以為外授為萬安計.孤聞介推之避晉封,申胥之逃楚賞,未嘗不舍書而嘆,有以自省也.奉國威靈,仗鉞征伐,推弱以克強,處小而禽大,意之所圖,動無違事,心之所慮,何向不濟.逐蕩平天下,不辱主命,可謂天助漢室,非人力也.然封兼四縣,食戶三萬,何德堪之!江湖未靜,不可讓位;至於邑土,可得而辭.今上還陽夏·柘·苦三縣戶二萬,但食武平萬戶,且以分損謗議,少減孤之責也.

염행에게 보내는 글

염행(閻行)은 한수(韓遂), 즉 문약(文約)의 부하로서 조조를 만나 조조 편에 들라는 부탁을 받고 돌아갔다. 한수는 염행을 통해 조조의 글을 받고 자신의 아들과 염행의 부친을 인질로 보내고 귀순의 뜻을 표했다. 그러나 후일 마초와 연합하여 조조를 위협했다. 이 글은 이때 염행에게 결단을 내릴 것을 독촉하는 협박투의 글이다. 조조가 한수의 아들을 죽이고 염행의 부친을 하옥시키자 염행은 결국 한수의 통제를 벗어나 조조에게 의탁하고 후에 작위를 받았다. 조조의 또 다른 행태를 엿볼 수 있다. 211년의 글로, 『위지』, 「장기전(張旣傳)」의 주에 보인다.

문약의 소행을 보니 가소롭네. 내가 여러 번 글을 보내 다 말했는데도 이렇게 굴다니 어찌 또 참을 수 있겠는가! 그대의 부친은 간의대부로 편안히 지낸다네. 그렇지만 감옥이란

곳은 부모를 모실 곳이 못 된다네. 더군다나 관가에서는 남 대신 노인을 오래도록 모실 수가 없다네.

手書與閭行

　觀文約所爲, 使人笑來. 吾前後與之書, 無所不說, 如此何可復忍! 卿父諫議, 自平安也. 雖然, 牢獄之中, 非養親之處, 且又官家亦不能久爲人養老也.

구석을 사양하며 올리는 글

 구석(九錫)은 황제가 대신을 존대하며 내리는 수레와 예복과 제사용 술 등의 아홉 가지 기물이다. 전한말 왕망(王莽)이 신(新) 왕조를 세우기 전에 구석을 받았으며, 위진남북조(魏晉南北朝) 시기에는 새로운 왕조를 세우기 전에 먼저 구석을 받았다. 213년 조조는 문무 부하들의 추대에 따라 헌제로부터 기주 열 개의 군을 다스리는 위국공(魏國公)에 책봉되었으며 여전히 승상의 신분을 유지했다. 이때 관례에 따라 여러 차례 구석의 하사에 사양의 뜻을 표하고 신하들의 재추대에 응해 명을 받았다. 그에 따라 위국(魏國) 정권을 세우고 여러 관리를 임명하였다. 이와 관련된 글로는 「사구석령(謝九錫令)」 「상서책사책명위공(上書策謝策命魏公)」 등이 있는데 대부분 의례적인 내용이다. 『예문유취』 53권에 보인다.

저는 공은 적고 덕도 박하나 이미 입은 은총은 지나치고 작위와 봉읍지는 높고 넓어 제게 합당하지 않습니다. 구석의 큰 예물은 제게는 어울리지 않습니다. 황공하고 두려워 속이 타올라 사실대로 아뢰오니 살펴주시기 바랍니다. 뜻밖에 폐하께서 재차 포상의 조서를 내리시어 이윤과 주공에 비견하시며 제 애처로운 뜻을 허락하지 않으셨습니다. 제가 알기로 주상을 섬기는 도리는 간하되 속이지 않는 것입니다. 능력을 헤아려 자리를 차지하고 공을 살펴 작위를 받되, 만약 감당하지 못할 바라면 목숨을 버려 따르지 않는 법입니다. 승상의 지위를 지녀 백성이 모두 보고 있는 터인데 스스로 잘못을 범한다면 그들이 저에게 무어라 하겠습니까?

讓九錫表

臣功小德薄, 乔寵已過, 進爵益土, 非臣所宜; 九錫大禮, 臣所不稱. 惶悸征營, 心如炎灼, 歸情寫實, 冀蒙所省. 不悟陛下復詔褒誘, 喩以伊·周, 未見哀許. 臣聞事君之道, 犯而勿欺; 量能處位, 計功受爵, 苟所不堪, 有殞無從, 加臣待罪上相, 民所具瞻, 而自過謬, 其謂臣何?

아들 조식을 훈계하는 글

214년 조조가 손권을 정벌하러 떠나며 셋째아들 조식으로 하여금 위의 도읍 업성을 지키게 하였다. 떠나기 전에 남긴 글이다. 『위지』,「진사왕식전(陳思王植傳)」에 보인다.

내가 전에 돈구령(頓丘令)으로 있을 때 나이 스무 살이었다. 그때 한 일을 생각하면 지금까지 후회할 것이 없다. 지금 너의 나이 스물셋이니 힘써 노력하지 않을 수 있겠는가!

戒子植

吾昔爲頓丘令, 年二十三. 思此時所行, 無悔於今. 今汝年亦二十三矣, 可不勉歟!

헌제를 대신한 복후 폐출의 조서

복후는 헌제의 황후 복수(伏壽)를 가리킨다. 14년 전인 200년에 복수가 조조 제거의 밀서를 아버지에게 전했던 일을 상기하고 그녀를 폐출하여 구금할 것을 황제에게 독촉하고 성사시켰다. 214년의 조치로, 『후한서』, 「헌제복황후기(獻帝伏皇后紀)」에 보인다.

황후인 복수는 비천한 신분으로 지극히 존귀한 자리에 올라 화초 가득한 거처에서 지낸 지 24년이 되었도다. 태임이나 태사와 같은 미덕도 없이 또 근신하여 수신하지도 못하였다.[1] 그리고 속으로 질투심을 지니고 화를 부르는 마음을 지녔으니 천명을 받아 조상을 받들 수가 없다. 지금 어사대부

---

1) 태임(太任)과 태사(太姒)는 차례로 주 문왕의 어머니와 아내로서 완전한 덕성을 지닌 후비를 대표한다.

치려(郗慮)로 하여금 증서를 갖춰 조서를 내리니, 황후의 옥새와 비단끈을 반납하고 황후의 거처를 떠나 다른 곳으로 옮기도록 하라. 아, 슬프도다! 그녀에게서 그것을 받아내다니! 그러나 의법 처리하지 않음만도 다행이도다.

假爲獻帝策收伏后

皇后壽, 得由卑賤, 登顯尊極, 自處椒房, 二紀於玆. 旣無任·姒 徽音之美, 又乏謹身養己之福; 而陰懷妒害, 包藏禍心, 弗可以承天命·奉祖宗. 今使御史大夫郗慮持節策詔, 其上皇后璽綬, 退避中宮, 遷於他官. 嗚呼傷哉, 自壽取之! 未至於理, 爲幸多焉.

단점을 무시한 인재 등용의 명령

덕행과 신용에 구애되지 않고 유능한 인물을 천거하라고 명한 글이다. 오직 재능만을 중시한 인재 등용을 재차 천명하였다. 214년에 내린 명령으로, 『위지』, 「무제기」에 보인다.

덕행이 뛰어난 인물이 반드시 쓸 만한 인물은 아니다. 쓸 만한 인물이 반드시 덕행이 뛰어난 것은 아니다. 진평이 무슨 돈독한 덕행이 있었으며, 소진(蘇秦)이 언제 신용을 지켰던가! 그렇지만 진평은 한나라의 왕업을 이루었고 소진은 약하던 연(燕)나라를 구했다. 이를 통해 볼 때, 인재에게 어떤 단점이 있다고 어찌 버리겠는가! 담당관이 이 점을 잘 생각한다면 인재는 버려지지 않을 것이요, 관료는 일을 그르치지 않을 것이다.

敕有司取士勿廢偏短令

夫有行之士, 未必能進取, 進取之士, 未必能有行也. 陳平豈篤行, 蘇秦豈守信邪? 而陳平定漢業, 蘇秦濟弱燕. 由此言之, 士有偏短, 庸可廢乎! 有司明思此義, 則士無遺滯, 官無廢業矣.

법무관 선발의 명령

법가적 성향이 농후하였던 조조는 자연히 군중(軍中)의 법 적용에도 주의하였으며, 따라서 형법에 통달한 자가 그 일을 관장하도록 조치하였다. 214년에 내린 명령으로, 『위지』, 「무제기」에 보인다.

무릇 형벌이란 백성의 생명이 걸린 일이다. 그런데도 군중의 송사를 관장함에 있어 혹 비적임자가 대군의 생사 문제를 맡고 있으니 내 이를 몹시 근심하는 바이다. 법리에 통달한 이를 선발하여 형벌을 다루도록 하라.

選軍中典獄令

夫刑, 百姓之命也. 而軍中典獄者或非其人, 而任以三軍死生之事, 吾甚懼之. 其選明達法理者, 使持典刑.

고유를 법무 책임자에 명함

혼란한 시기에는 예절보다 엄정한 형법의 시행이 무엇보다 시급하다고 여긴 조조는 214년 승상부 아래 형법을 관장하는 부처인 이조(理曹)를 설치하고 고유를 그 책임자로 임명했다. 고유는 장기간 그 일을 담당했는데 매우 공정하였으며 안건 처리를 미루지 않았다고 한다. 『위지』, 「고유전(皐柔傳)」에 보인다.

무릇 안정된 시기의 교화는 예절을 으뜸으로 하고 혼란한 시기의 정사는 형법이 우선이다. 그러므로 순임금은 네 사람의 흉악한 이를 방축하고 고요로 하여금 형법을 관장하게 하였다. 한나라 왕조는 진나라 때의 가혹한 형법을 없애고 소하(蕭何)로 하여금 간단한 법을 정하도록 하였다. 신임 책임자는 견식 있고 공정하며 법에 밝을 터이니 힘써 잘 살피도록 하라.

以高柔爲理曹掾令

　夫治定之化, 以禮爲首; 拔亂之政, 以刑爲先. 是以舜流四凶族, 皐陶作士; 漢祖除秦苛法, 蕭何定律. 掾淸識平當, 明於憲典, 勉恤之哉!

유이에게 답함

215년 조조는 서방 정벌을 준비하고 있었다. 그때 유이(劉廙)는 서백(西伯)의 신분이었던 후일의 주 문왕이 정벌하기 전에 먼저 덕을 닦은 일을 들어 정벌에 반대하였다. 그러나 조조는 그의 말을 따르지 않았다. 이 글에는 정벌 전쟁을 통한 급진적 통일 정책을 폈던 조조의 기본 정책이 분명히 드러나 있다. 『위지』, 「유이전(劉廙傳)」에 보인다.

주상이 신하를 알아야 할 뿐만 아니라 신하도 마땅히 주상을 알아야 한다. 지금 나에게 앉아서 주 무왕의 덕을 닦으라고 하지만 나는 아마도 그런 사람이 아닐 것이다.

報劉廙

非但君當知臣, 臣亦當知君. 今欲使吾坐行西伯之德, 恐非其人也.

춘계 제사에 관한 명령

이 글은 제사의 예절에 개선할 점이 있다고 생각하여 자신의 견해를 피력한 글이다. 특히 남들과는 다르더라도 스스로 옳다고 여기는 방식을 따르려는 정신과 형식적이고 맹목적인 방식을 거부하려는 적극적 자세가 엿보인다. 216년의 글로, 『위지』, 「무제기」의 주에 보인다.

논자는 사당의 전당에 오를 때는 신을 벗어야 한다고 한다. 그러나 나는 황제의 명을 받아 칼을 차고 신을 벗지 않고 종묘의 전당에 오른다. 그런데 지금 사당의 일에 신을 벗고 전당에 오른다면, 이는 내 조상을 높이느라 황제의 명을 버리는 것이요, 내 조상을 공경하면서 주상을 소홀히 하는 것이다. 그러므로 나는 감히 신을 벗지 않는다. 또 제사 때에 세수 그릇에 다가가 씻는 흉내만 내고 실제로는 씻지 않는데,

무릇 씻는 일은 깨끗이하여 공경심을 표하는 것이니, 흉내만 내고 씻지 않는다는 예절은 들어보지 못했다. 또 "신에게 제사지낼 때는 마치 신이 계신 듯이 한다"고 하였다. 그러므로 나는 친히 물을 받아 씻는다. 또 강신(降神)의 예가 끝나면 계단을 내려와 제자리에 가서 서는데 그러면 반드시 주악을 모두 끝내니 마치 조상을 좋아하지 않아서 제사가 빨리 끝나기를 바라는 듯하다. 그러므로 나는 신을 보내는 주악이 끝나기를 기다려서 자리에서 일어난다. 제사용 고기를 소매에 받아 시종관에게 주는 것은 끝까지 공경스럽게 하기 위한 것이다. 전에는 친히 제사를 지냈으므로 나는 직접 소매에 받아들고 끝까지 지니고 돌아간다. 공자께서도 "비록 남들과는 다를지라도 나는 계단 아래에서 절을 하겠다"라고 하셨는데 그 말씀은 옳은 말씀이다.

春祀令

議者以爲祠廟上殿當解履, 吾受錫命, 帶劍不解履上殿. 今有事於廟而解履上殿, 是尊先公而替王命, 敬父祖而簡君主, 故吾不敢解履也. 又臨祭就洗, 以手擬水而不盥. 夫盥以潔爲敬, 未聞擬而不盥之禮, 且"祭神如神在", 故吾親受水而盥也. 又降神禮訖, 下階就坐而立, 須奏樂畢竟, 似若不忻烈祖, 遲祭不速訖也.故吾坐俟樂闋送神乃起也.受胙納袖,以授侍中,此爲敬恭不終實也.古者親執祭事,故吾親納於袖,終抱而歸也.仲尼曰:"雖違衆,吾從下."誠哉斯言也.

품행에 구애받지 않는 현인 천거의 명령

품행에 구애되지 말고 인재를 천거할 것을 명한 글이다. 여러 차례 반복되는 같은 주지(主旨)의 글을 통해 볼 때, 당시의 일반적인 인재 등용이 얼마나 신분이나 품행을 중시했는가를 알려주며, 동시에 조조가 천하 통일을 위해 인재 등용에 얼마나 급급해했는가를 알 수 있다. 인품에 관계 없이 재능만을 중시한 점은 조조를 부정적으로 평가하는 하나의 근거가 된다. 그러나 난세의 패권을 서둘렀던 그의 남다른 선택이기도 하다. 217년에 내린 명령으로, 『위지』, 「무제기」의 주에 보인다.

예전에 이윤과 부열은 천민 출신이었으며, 관중은 환공의 적이었다.[1] 그러나 모두가 등용되어 나라를 흥하게 하였다.

---

1) 이윤(伊尹)과 부열(傅說)은 모두 노예 출신이었으나 전자는 탕(湯)왕을 도와 하(夏)를 멸망시키고 상(商)나라를 건국하게 하였으며, 후자

소하와 조참은 시골 관리 출신이었으며 한신과 진평은 모욕을 당하고 비웃음을 받았다.[2] 그러나 끝내는 왕업을 이루어 명성이 천년에 이어졌다. 오기는 탐욕적인 장수로서 아내를 죽여 자신을 믿게 했으며 돈을 풀어 관직을 얻었고 어머니가 돌아가셨을 때도 찾아가지 않았다.[3] 그러나 그가 위나라에 있을 때에는 진(秦)나라조차도 동쪽으로 향하지 못했으며, 초나라에 있을 때에는 진(晉)나라에서 나뉜 세 나라도 남쪽을 탐내지 못했다. 지금 세상에 지극한 덕을 지니고서 민간에 버려졌으나 과단성 있고 용감하여 적과 힘껏 싸울 수 있는 이가 어찌 없다고 하겠는가? 또 하찮은 문관이지만 뛰어난 재능과 남다른 소질을 지녀 장군이 될 만한 이, 그리고 모욕을 당하고 비웃음을 받을 행실이 있으며 어질지도 않고 효심도 없지만 나라를 다스리고 군사를 부릴 줄 아는 이가 없

는 상나라의 명재상이었다. 관중은 정권 투쟁 가운데 환공의 반대편에 처해 그를 쏘아 죽일 뻔한 일이 있었다.
2) 소하(蕭何)와 조참(曹參)은 모두 시골 관리 출신으로 한나라 초기에 재상을 지냈다. 한신(韓信)은 한나라의 대장으로서 어릴 때는 걸식하면서 남의 가랑이 아래로 지나가는 모욕을 당한 적이 있었다. 진평은 한나라 재상을 지냈는데 일찍이 형수와 사통하고 뇌물을 받은 적도 있었다.
3) 오기(吳起)는 노나라와 위나라 및 초나라에서 모두 큰 공을 세웠다. 노나라에서 장수로 임명될 즈음 의심을 피하기 위하여 제나라 출신이었던 아내를 죽였다. 청년 시기에는 관리가 되려고 재산을 날린 적도 있으며 어머니가 돌아가셨을 때에도 출세하지 못했다고 돌아가지 않았다.

을 수 없다. 각자 자신이 아는 이를 천거하여 빠뜨리지 않도록 하라.

擧賢勿拘品行令

昔伊摯·傅說出於賤人, 管仲, 桓公賊也, 皆用之以興. 蕭何·曹參, 縣吏也, 韓信, 陳平負汚辱之名, 有見笑之恥, 卒能成就王業, 聲著千載. 吳起貪將, 殺妻自信, 散金求官, 母死不歸, 然在魏, 秦人不敢東向, 在楚, 則三晉不敢南謀. 今天下得無有至德之人放在民間, 及果勇不顧, 臨敵力戰; 若文俗之吏, 高才異質, 或堪爲將守; 負汚辱之名, 見笑之行, 或不仁不孝, 而有治國用兵之術: 其各擧所知, 勿有所遺.

아들들에게 내리는 명령

촉한(蜀漢)과 대치하고 있는 중요한 진지를 아들들에게 맡기면서 내린 명령이다. 아들이라고 해서 사적으로 편견을 가지고 대하지 않겠다는 마음을 표명하였다. 216년 전후의 글로, 『어람』 429권에 보인다.

지금 수춘(壽春)과 한중(漢中)과 장안(長安) 지방에는 먼저 아들 한 사람씩을 보내 지키게 하고자 한다. 효성스럽고 자애로우며 내 명령을 어기지 않을 자를 고르고 싶으나 누구를 써야 할지 모르겠도다. 아들들은 어릴 때에는 비록 사랑하였으나 성장해서는 능력 있고 품덕이 훌륭해야만 반드시 등용한다. 나는 일구이언하지 않는다. 관리들에게 사적으로 대하지 않을 뿐만 아니라 자식들에게도 사적으로 대하지 않겠노라.

諸兒令

今壽春·漢中·長安, 先欲使一兒各往督領之, 欲擇慈孝不違吾令, 亦未知用誰也. 兒雖小時見愛, 而長大能善, 必用之. 吾非有二言也, 不但不私臣吏, 兒子亦不欲有所私.

이재민 구제의 명령

217년 겨울에 전염병이 발생하자 다음해에 내린 이재민 구제의 조치이다. 전쟁중이었으나 무능한 백성들을 구제하려는 노력 또한 소홀히하지 않았음을 알 수 있다. 『위지』, 「무제기」의 주에 보인다.

작년 겨울에 하늘이 질병을 내려 백성들이 피해를 입었는데 밖으로는 군대를 일으키니 농지가 줄어들어 몹시 걱정스럽다. 이에 관리와 백성 그리고 남녀에게 다음과 같이 명을 내린다. 여자로서 칠십 세가 넘고 남편 없는 자, 열두 살 이하로서 부모 형제가 없는 자, 그리고 보지 못하거나 손을 쓰지 못하거나 걷지 못하는데 처자·부형이나 생업도 없는 자는 종신토록 관에서 먹여살린다. 어린이의 경우는 열두 살까지이다. 가난하여 자급하지 못하는 자에게는 사람 수에 따라 양식을 대여한다. 봉양이 필요한 노인으로 아흔 살이 넘는 이가 있는 가정에는 요역을 면해주되 한 집에서 한 사람에 한한다.

瞻給災民令

去冬天降疫癘, 民有凋傷, 軍興於外, 墾田損少, 吾甚憫之. 其令吏民男女: 女年七十以上無夫子, 若年十二以下無父母兄弟, 及目無所見, 手不能作, 足不能行, 而無妻子父兄產業者, 廩食終身. 幼者至十二止. 貧窮不能自贍者, 隨口給貸. 老耄須待養者, 年九十以上, 復不事, 家一人.

묘지에 관한 명령

218년 자신의 묘지를 준비시키며 내린 명령이다. 큰 규모로 마련하여 각급 신하들을 주위에 두어 권위를 지키고자 하였다. 척박한 땅을 선택하고자 한 점이 주의를 끈다. 실제 그는 후일의 유언에서 장례에서의 불필요한 낭비를 금하기도 하였다. 『위지』, 「무제기」에 보인다.

옛날의 무덤은 반드시 척박한 땅에 썼다. 서문표(西門豹)의 사당 서쪽 고원에 제왕의 가묘(假墓)를 마련하되 높은 곳에 터를 잡아 봉분을 만들지 말고 나무도 심지 말라.[1] 『주례(周禮)』에 따르면 총인(冢人)이라는 묘지 관리인이 묘를 관장하였는데, 제후들의 묘는 좌우의 앞에 두고 경(卿)과 대부

---

1) 제왕이 죽기 전에 마련해두는 무덤을 수릉(壽陵)이라고 한다.

(大夫)의 묘는 뒤에 두었다. 한나라 때의 제도에는 이를 배릉이라 하였다.[2] 공(公)과 경과 대신 및 공이 있는 장군들의 묘는 가묘 옆에 두는 것이 마땅하다. 묘지를 넓게 잡아 그들을 충분히 수용할 수 있게 하라.

終 令

古之葬者, 必居瘠薄之地. 其規西門豹祠西原上爲壽陵, 因高爲基, 不封不樹. 『周禮』冢人掌公墓之地, 凡諸侯居左右以前, 卿大夫居後, 漢制亦謂之陪陵. 其公卿大臣列將有功者, 宜陪壽陵, 其廣爲兆域, 使足相容.

---

2) 공신들의 묘를 황릉의 옆에 두는 것을 배릉(陪陵)이라 한다.

변후 책봉의 글

조조는 조비를 태자로 책봉한 후에 변(卞)씨 부인을 왕후에 책봉하였다. 변씨는 본디 가무(歌舞)에 종사하던 여인으로 스무 살에 조조의 첩이 되었다. 비록 미모와 덕을 지녔다고는 하나 천민 출신의 여인을 왕후에 봉하는 것은 당시로서는 대단히 파격적인 일로서 남의 비판을 안중에 두지 않는 조조의 과감성을 보여준다. 본디 조조에게는 열다섯의 처첩이 있었으며 그 중에는 유부녀였던 여자도 있었다. 변씨는 두번째의 여인으로 태자인 조비와 조식의 생모이다. 219년의 글로, 『위지』, 「변황후전(卞皇后傳)」에 보인다.

아내 변씨는 여러 아들을 길렀는데 훌륭한 어머니로서의 덕을 지녔다. 지금 왕후에 올리니 태자와 아들들은 옆에서 모시고 경들은 축하의 잔을 올려라. 나라 안의 사형수에게는

한 등급을 감형한다.

策立卞后

　夫人卞氏, 撫養諸子, 有母儀之德. 今進位王后, 太子諸侯陪位群卿上壽, 減國內死罪一等.

수의함에 표하고 나서

조조는 각 계절용 수의를 네 개의 상자 속에 넣어두고 그 위에 춘하추동의 글자를 써서 표시하였다. 이 글은 220년 죽기 얼마 전에 수의 상자에 계절 표기를 하고 나서 쓴 글이다. 옛날에는 시신의 각 구멍에 금이나 보옥을 채웠는데 조조는 이를 금하였다. 『통전(通典)』79권에 보인다.

내가 죽고 나면 아무 때에나 입관하라. 금이나 각종 보옥과 금속물은 하나도 몸에 넣지 말라.

題識送終衣奩

有不諱, 隨時以斂. 金珥珠玉銅鐵之物, 一不得送.

유언

220년 조조가 65세 되던 해, 그는 자신의 죽음이 임박했음을 알고 가족과 관리들에게 자신의 사후 문제에 대하여 세심하게 명하였다. 국가가 아직 안정되지 않은 때임을 고려하여 간결한 장례를 명하였으며, 특히 자신을 받들었던 여인들을 위한 섬세한 배려가 남다르다.『위지』,「무제기」에 보인다.

내가 한밤중에 좀 좋지 못하더니 다음날 죽을 먹는데도 땀이 났으니 당연히 국물로 대신해야 할 것이다.

내가 군중에서 지켰던 법은 옳았다. 그러나 다소 화를 내거나 크게 잘못한 일은 당연히 본받지 말아야 한다. 천하가 아직 안정되지 못하였던 까닭에 옛 법도를 지키지는 못하였다. 나는 두통이 있었으므로 두건을 썼다. 내가 죽고 나면 살았을 때처럼 의복을 입힐 것을 잊지 말아라. 빈소에 오는 모든 관리들은 열다섯 번만 곡을 하고, 장례가 끝나면 상복을 벗어라. 변방에 주둔하는 장병은 아무도 주둔지를 떠나서는 안 된다. 담당 관리들은 모두 각자의 직분을 지켜라. 입관할 때에는 계절에 맞는 옷을 입혀 업성의 서쪽 언덕 서문표의 사당과 가까운 곳에 장사지내고 금이나 보물은 넣지 말아라.

나의 비첩이나 기녀들은 모두 고생했으므로 동작대에 거주하게 하고 잘 대접하라.[1] 동작대의 당 위에 여섯 자의 상을 놓고 삼베로 된 장막을 치고 아침저녁으로 마른 고기와 곡식 등을 바쳐라. 초하루와 보름날에는 아침부터 정오까지 장막을 향해 가무를 펼치게 하라. 너희는 때때로 동작대에 올라 서쪽의 내 묘를 바라보아라. 남은 향은 여러 아내들에게 나누어주고 제사 때에 쓰지 말아라. 여러 집안에 할 일이 없을 터이니 비단띠와 신 만드는 법을 배워 만들어 팔도록 하여라. 내가 벼슬하면서 받은 비단띠는 모두 창고에 넣어두어라. 그 밖의 남은 옷가지는 따로 보관해도 좋되 여의치 못하거든 형제가 같이 나누어 가져라.

---

1) 동작대(銅雀臺)는 210년에 축조한 건물로 만년에 오락을 즐기기 위한 것이었다.

遺 令

　吾夜半覺小不佳, 至明日飮粥汗出, 服當歸湯.

　吾在軍中持法是也, 至於小忿怒, 大過失, 不當效也. 天下尙未安定, 未得遵古也. 吾有頭病, 自先著幘. 吾死之後, 持大服如存時, 勿遺. 百官當臨殿中者, 十五擧音, 葬畢便除服; 其將兵屯戍者, 皆不得離屯部; 有司各率乃職. 斂以時服, 葬於鄴之西岡上, 與西門豹祠相近, 無藏金玉珍寶.

　吾婢妾與伎人皆勤苦, 使著銅雀臺, 善待之. 於臺堂上安六尺床, 施繐帳, 朝晡上脯糒之屬. 月旦十五日, 自朝至午, 輒向帳中作伎樂. 汝等時時登銅雀臺, 望吾西陵墓田. 餘香可分與諸夫人, 不命祭. 諸舍中無所爲, 可學作組履賣也. 吾歷官所得綬, 皆著藏中. 吾餘衣裘, 可別爲一藏, 不能者, 兄弟可共分之.

집안을 훈계하는 글

이 글 내계령(內誡令)은 조조 집안의 일상 생활이나 가족들에 대한 당부의 기록으로, 그의 검소한 일면을 엿볼 수 있다. 차례로 『어람』 717, 819, 697, 756, 981, 982권에 보인다.

나는 화려하게 장식된 상자를 좋아하지 않아서 사용하는 잡된 새로운 가죽 상자는 중간에 누런 가죽을 대었다. 난세를 만나서는 가죽 상자가 없었기에 네모난 대나무 상자를 만들어 검은 가죽을 입히고 거친 천으로 안을 대었다. 이것이 내가 늘 사용하는 것이다. 왕궁 안의 여인네가 일찍이 상자를 정리하다가 넘어뜨려 못쓰게 만들었기에 지금 네모난 대나무 상자에 칠을 하니 매우 곱고 좋다.

孤不好鮮飾嚴具, 所用雜新皮韋笥, 以黃韋緣中. 遇亂世無韋筒, 乃更作方竹嚴具, 以皂韋衣之, 粗布作裏, 此孤之平常所用者也. 內中婦曾置嚴具, 於時爲之推壞. 今方竹嚴具緣漆甚華好.

   내 옷가지는 모두 십 년이 된 것으로서, 해마다 세탁하고 꿰맬 따름이다.

吾衣被皆十歲也, 歲歲解浣補納之耳.

   사람들이 흔히 수놓은 옷가지를 만드나, 비단으로 만든 신의 경우에는 진홍색과 자주색과 금황색을 사용하지 못한다. 내가 전에 강릉에서 색동 비단신을 얻어 가족에게 주었는데, 그 신이 떨어질 때까지만 신고 다시 흉내내서 만들지는 않겠다고 약속받았다.

吏民多制文綉之服, 履絲不得過絳紫金黃絲織履, 前於江陵得雜彩絲履, 以與家, 約當著盡此履, 不得效作也.

   내게는 화기가 치솟는 병이 있어 늘 물에 머리를 담갔다. 구리 그릇에 담그면 냄새가 나쁜 터라, 은으로 작은 네모 그

릇을 만들었는데 사람들이 이해하지 못하고 내가 은 물건을 좋아한다고 하였다. 그래서 지금은 나무로 만들었다.

孤有逆氣病, 常儲水臥頭. 以銅器盛, 臭惡. 前以銀作小方器, 人不解, 謂孤喜銀物, 今以木作.

전에 천하가 안정되지 못했을 때 나는 집 안에 향을 피우는 것을 금지했다. 후일 여러 딸들이 헌제의 귀인(貴人)이 되었으므로 그들에게 향을 쐬기 위해 향을 피웠다. 나는 향 피우는 것을 좋아하지 않아 금지할 수가 없음을 원망하였는데 지금 다시 향 피우는 것을 금지한다. 속옷에 쐬거나 몸에 쐬는 것도 아니 된다.

昔天下初定, 吾便禁家內不得香熏. 後諸女配國家爲其香, 因此得燒香. 吾不好燒香, 恨不遂所禁, 今復禁不得燒香, 其以香藏衣著身亦不得.

방안이 불결할 때는 단풍나무 기름과 혜초(蕙草)를 태운다고 들었다.

房室不潔, 聽得燒楓膠及蕙草.

양보에 관한 글

조조는 비록 법가적 성향이 농후하였으나 유가의 겸양의 덕목을 결코 경시하지는 않았다. 이 글 예양령(禮讓令)은 차례로 『어람』 424권, 『예문유취』 21권에 보인다.

속담에 이르길, "한 치를 양보하면 한 자를 양보받는다"고 하였다. 이 말은 경서의 요점에 부합된다.

里諺曰: "讓禮一寸, 得禮一尺." 斯合經之要矣.

작위를 거절하고 봉록을 피함으로써 이익 때문에 명예를 손상시키지 않고 지위 때문에 덕을 손상시키지 않음을 일러 사양함이라 한다.

辭爵逃祿, 不以利累名, 不以位虧德之謂讓.

정치가 잘될 때에 관한 글

만년에 쓴 글로 여겨진다. 자신에 대한 충성심을 강조하고 파당과 뇌물 수수를 금지하는 글이다.

지금은 정치가 잘될 때이니 마땅히 나라에 충성을 다하고 국왕의 일에 힘써야 할 따름이다. 비록 남과 사사로이 관계를 맺거나 비단 천 필과 곡식 만 섬을 쓴다 해도 이득이 없다.

淸時令

今淸時, 但當盡忠於國, 效力王事, 雖私結好於他人, 用千匹絹·萬石穀, 猶無所益.

인물 선발에 관한 글

앞단락은 사신의 중요성을 강조하였으며, 뒷단락은 과거에 구애되지 않고 능력을 발휘할 것을 권하는 글이다. 과거에 집착하지 않고 능력만을 중시하는 조조의 인물관을 보여준다. 이 글 선거령(選擧令)은 차례로 『초학기(初學記)』 20권, 『어람』 496권에 보인다.

타국에 사신을 파견할 때 옛사람들은 인물을 신중히 선택하였다. 그러므로 공자께서도 "사신감이다, 사신감이다"라고 하셨는데, 이는 그 어려움을 두고 하신 말씀이다.

夫遣人使於四方, 古人所愼擇也. 故仲尼曰: "使乎, 使乎." 言其難也.

속담에 이르기를, "새벽을 제때에 알리지 못한 닭은 보충하여 다시 울고자 한다"고 하였다. 예전에 계천(季闡)이 백마(白馬)현의 관리로 있을 때 뇌물을 받고 노비를 취한 죄를 지었으나 그 죄를 묻지 않고, 후에 제북(濟北)의 책임자로 삼았다. 이는 그가 재능이 있었기 때문이다.

諺曰: "失晨之鷄, 思補更鳴." 昔季闡在白馬, 有受金取婢之罪, 棄而弗問, 後以爲濟北相, 以其能故.

군악대에 관한 글

승전의 요체는 실제적인 전투력 확보에 있음을 강조하였다. 전투 이외의 용도에 말(馬)을 아껴 전투시의 기동성을 확보한 점, 그리고 낭비적인 비전투 인력을 축소하고자 한 점 등, 실제적인 전투력 증강을 위한 구조 조정이 돋보인다. 『어람』 567권에 보인다.

내가 늘 적은 병사로 적에게 승리할 수 있었던 까닭은 항상 전투력 증강에 대해 생각하고, 그 밖의 일에는 주의하지 않았기 때문이다. 그런 까닭에 전에 군악대를 두었으나 보행하게 한 것은 전투력을 고려해 말을 아낀 것이요, 문관들을 많이 두는 것을 꺼리는 것은 전투력을 고려해 양식을 아낀 것이다.

鼓吹令

孤所以能常以少兵勝敵者, 常念增戰士, 忽餘事. 是以往者有鼓吹而使步行, 爲戰士愛馬也; 不樂多署吏, 爲戰士愛粮也.

군사 정책에 관한 글

작은 일도 직접 살피며 소홀히하지 않는 조조의 치밀함을 보여주는 글이다. 『어람』 346권에 보인다.

내가 전에 양읍(襄邑)에 있을 때에 병사를 일으킬 생각으로 기술자와 함께 단검을 만들었다. 당시 북해(北海) 지방의 손빈석(孫賓碩)이 내게 문안 와서는 비방하여, "마땅히 큰일을 꾀해야 하는데 어찌 기술자와 같이 칼이나 만드십니까?"라고 하였다. 이에 나는, "작은 일을 잘하고 또 큰일도 잘하는데 무엇이 걱정이오!"라고 대답했다.

軍策令

 孤先在襄邑, 有起兵意, 與工師共作卑手刀. 時北海孫賓碩來候孤, 譏孤曰: "當慕其大者, 乃與工師共作刀耶?" 孤答曰: "能小復能大, 何苦!"

군 령

군령(軍令)은 전쟁 수행에 있어서의 구체적인 명령이다. 안전 사고의 예방, 군중의 영리 행위 금지, 진퇴의 규율 확립, 농산물의 훼손 금지 등을 명하였다. 『통전』 149권에 보인다.

나의 장병들은 군중에서는 활을 당기지 못한다. 대군을 따라 진군하며 활을 시험삼아 조절하고자 할 때는 당길 수 있으나 화살을 채워서는 안 된다. 위반하는 자는 채찍 이백 대의 벌을 내리고 노비로 삼는다.

吾將士無張弓弩於軍中, 其隨大軍行, 其欲試調弓弩者, 得張之, 不得著箭. 犯者鞭二百, 沒入.

관리는 군영에서 도살하여 판매하지 못한다. 명을 어기면 판 것을 몰수하며, 책임자가 바로잡아 보고하지 않으면 곤장 오십 대를 친다.

吏不得於營中屠殺賣之, 犯令, 沒所賣, 及都督不糾白, 杖五十.

처음에 군영을 나설 때는 창을 바로 세우고 깃발을 펴고 북을 울린다. 삼 리를 가서는 창을 메고 깃발을 말고 북을 치기를 멈춘다. 군영에 돌아올 즈음에는 깃발을 펴고 북을 울리며, 완전히 도착하여서는 다시 깃발을 말고 북을 치기를 멈춘다. 명을 어기는 자는 머리를 깎아 남들 앞에 돌린다.

始出營, 竪矛戟, 舒幡旗, 鳴鼓. 行三里辟矛戟, 結幡旗, 止鼓. 將至營, 舒幡旗, 鳴鼓, 至營訖, 復結幡旗, 止鼓. 違令者髡剪以徇.

행군할 때 밭에 있는 각종 과수나 뽕나무, 대추나무를 베어서는 안 된다.

軍行, 不得斫伐田中五果桑柘棘棗.

수전에 관한 명령

수전(水戰)에 임하여 신호에 따른 질서 있는 행동을 명한 글이다. 『통전』 149권에 보인다.

첫번째 북소리가 울리면 관리와 병사는 모두 출병 준비를 하고, 두번째 북소리가 울리면 배를 저을 인원들은 모두 승선하여 노를 바로잡고 병사들은 각기 무기를 들고 승선하여 제자리를 맡아라.[1] 각종 군기와 북은 각각의 해당 장군이 탄 배에 실어라. 세번째 북소리가 울리면 크고 작은 배들을 순서대로 출발시키되 왼쪽 배는 오른쪽으로 가서는 안 되며 오른쪽 배는 왼쪽으로 가서는 안 된다. 전후의 자리가 바뀌어서도 안 된다. 명을 어기는 자는 참한다.

---

1) 진군의 북소리는 보통 333차례를 울렸는데 이를 한 통(通)이라 하였다.

船戰令

　雷鼓一通, 吏士皆嚴. 再通, 什伍皆就船, 整持櫓棹, 戰士各持兵器就船, 各當其所. 幢幡旗鼓, 各隨將所載船. 鼓三通鳴, 大小戰船以次發, 左不得至右, 右不得至左, 前後不得易處. 違令者斬.

보병 전투에 관한 명령

육상 전투에 있어서 지휘에 따른 행동 지침을 구체적으로 제시한 글이다. 전투력 강화를 위해 물러나거나 명을 따르지 않는 군사들과 그 책임자에 대한 엄한 처벌을 규정하고 있다.『통전』149권에 보인다.

긴급을 알리는 북이 울리면 보병과 기병은 모두 무장을 하고, 두번째 북이 울리면 기병은 말에 타고 보병은 대열을 지어라. 세번째 북이 울리면 순서대로 나아가되 깃발이 가리키는 곳을 따르라. 남은 자는 깃발 뒤에 집결하여 긴급의 북소리가 울릴 때 진을 정비하라. 척후병은 지형을 살펴 진을 펴기에 적당하게 사각형으로 표지판을 세우고, 각 부대는 적당한 간격으로 진을 펴며, 작전부는 보고하라. 명을 따르지 않는 자는 참한다. 적의 군영에 맞서 진을 펼칠 때는 먼저 사

방의 표지를 설명하고 병사를 이끌고 표지에 따라 진을 쳐라. 진을 칠 때는 시끄럽게 하지 말고 북소리를 잘 들으며, 깃발을 앞으로 휘두르면 앞으로 나아가고 뒤로 흔들면 뒤로 물러나며 좌로 흔들면 좌로 가고 우로 흔들면 우로 가라. 깃발을 흔들어도 명에 따르지 않는 자는 참한다. 다섯 명의 대오 가운데 전진하지 않는 자는 그 대오의 우두머리가 죽이고 그 우두머리 가운데 전진하지 않는 자는 열 명의 대오의 우두머리가 그를 죽이며, 열 명의 대오의 우두머리 가운데 전진하지 않는 자는 백 명을 거느리는 책임자가 죽여라. 각 부대를 감독하는 장군은 뒤에서 칼을 빼들고 명을 어기는 자를 살펴 참하라. 한 부대가 적의 공격을 맞이했을 때 다른 부대원으로서 나아가 구하지 않는 자는 참한다. 싸움에 임하면 병사와 궁사(弓士)는 진을 떠나지 못한다. 진을 떠났는데도 그 소속 대오의 우두머리가 수습하지 못하면 같은 죄로 다스린다. 장군의 명령 없이 진과 진 사이를 멋대로 다니는 자는 참한다. 싸움이 벌어지면, 대열을 이룬 기병은 두 갈래로 전방에 위치하라. 앞으로 공격할 때에는 대열을 이룬 기병이 차례대로 나아가고, 대열을 이루지 않은 기병은 뒤에 서라. 명을 어기는 자는 머리털을 자르고 채찍 이백 대를 친다. 진군할 때에 진 사이로 물러서는 자는 참한다. 보병과 기병으로 적과 마주하였을 때는, 때를 보고 지세를 살피되, 기병 단독으로 적을 공격하고자 할 때는 세 번의 북소리가 울리면

두 갈래로 진군하며 깃발이 가리키는 곳을 살피고, 세 차례의 징소리가 울리면 돌아오라. 이는 단지 단독으로 나가 싸우는 경우이다. 보병과 기병이 크게 싸울 때는 진퇴를 법에 따라 행하라. 진을 향해 말을 달리는 병사는 참한다. 망령되이 큰 소리를 지르는 자는 참한다. 적을 추적할 때 혼자서 적의 앞이나 뒤에 있어서는 아니 된다. 명을 어기는 자는 네 냥의 벌금을 물린다. 싸움을 막 시작할 때는 아무도 소나 말이나 의복을 지니지 못한다. 진군할 때 병사는 호령을 따르라. 호령을 따르지 않는 자는 비록 공을 세워도 상을 내리지 않는다. 진군할 때 후진의 군사가 앞에 나서거나 전진의 군사가 뒤에 있으면 비록 공을 세워도 상을 내리지 않는다. 진 안에서 군령 전달의 책임자는 총지휘관의 명령 수령을 분명히 감독하고, 각 부대 장군은 병사를 이끌며 싸울 때 각기 부대를 감독하되 진의 후방에서 독려하되 명령을 어기거나 겁내는 자는 참하라. 긴급 상황에서 북소리가 울리면 후방을 돌파하되 긴급의 북소리가 끝나면 상황을 잘 살펴 빠져나와라. 도망치는 병졸은 참한다. 가족으로서 도망친 자를 하루 안에 잡아오지 않거나 담당관에게 보고하지 않으면 모두 같은 죄로 다스린다.

步戰令

嚴鼓一通, 步騎士悉裝; 再通, 騎上馬, 步結屯; 三通, 以次出之, 隨幡所指. 住者結屯幡後, 聞急鼓音整陣; 斥候者視地形廣狹, 從四角而立表, 制戰陣之宜; 諸部曲者, 各自按部陳兵疏數; 兵曹舉白. 不如令者斬. 兵若欲作陣對敵營, 先白表, 乃引兵就表而陣. 臨陣皆無讙譁, 明聽鼓音, 旗幡麾前則前, 麾後則後, 麾左則左, 麾右則右. 麾不聞令, 而擅前後左右者斬. 伍中有不進者, 伍長殺之; 伍長有不進者, 什長殺之; 什長有不進者, 都伯殺之. 督戰部曲將, 拔刃在後, 察違令不進者斬之. 一部受敵, 餘部不進救者斬. 臨戰兵弩不可離陣. 離陣, 伍長什長不舉發, 與同罪. 無將軍令, 妄行陣間者斬. 臨戰, 陣騎皆當在軍兩頭; 前陷, 陣騎次之, 游騎在後. 違令髠鞭二百. 兵進, 退入陣間者斬. 若步騎與賊對陣, 臨時見地勢, 便欲使騎獨進討賊者, 聞三鼓音, 騎特從兩頭進戰, 視麾所指, 聞三金音還. 此但謂獨進戰時也. 其步騎大戰, 進退自如法. 吏士向陣騎馳馬者斬. 吏士有妄呼大聲者斬. 追賊不得獨在前後, 犯令者罰金四兩. 士將戰, 皆不得取牛馬衣物, 犯令者斬. 進戰, 士各隨其號. 不隨號者, 雖有功不賞. 進戰, 後兵出前, 前兵在後, 雖有功不賞. 臨陣, 牙門將騎督明受都令, 諸部曲都督將吏士, 各戰時校督部曲, 督住陣後, 察凡違令畏懦者斬. 有急, 聞雷鼓音絕後, 六音嚴畢, 白辨便出. 卒逃歸, 斬之. 一日, 家人弗捕執, 及不言於吏, 盡與同罪.

『손자병법』 서문

『손자병법(孫子兵法)』은 『손자』라고도 부른다. 전국 시대 손무(孫武)가 지은 중국 최초의 병법서이다. 뛰어난 군사 전문가였던 조조는 이 책에 대한 이해와 자신의 실전 경험을 바탕으로 주해를 가하였는데, 그의 주해는 오늘에도 매우 높이 평가된다. 이 글은 자신의 주해에 대한 서문이다. 『어람』 270권에 보인다.

내가 알기로 아주 옛날에도 활과 화살의 유리함이 있었다. 『논어』에서는 "군비가 충족하다"고 하였고, 『서경』에서는 여덟 가지 정사에 "군정"을 포함시켰으며, 『주역』에서는 "군대가 정의로우니 지휘관에게 상서롭다"고 했고, 『시경』에서는 "왕께서 몹시 노하시어 군대를 정돈하셨네"라고 했으며, 황제(黃帝)와 탕왕과 무왕께서도 모두 무기로서 세상을 구하셨다. 『사마법』에는 "많은 사람을 위해서는 악인 몇 사람을 죽여도 된다"고 하였다. 무력에만 의존한 자도 멸망하고 문치(文治)에만 의존한 자도 망했으니 부차와 언왕이 그 예이다.[1] 성인이 무력을 사용할 때는 병기를 마련하여 때맞추어 행동하였는데 부득이할 때에만 사용하였다. 내가 보기에 병서와 전술책은 많으나 손무가 지은 것이 수준이 높다. 손자는 제나라 사람으로 이름은 무(武)로서 오나라 왕 합려(闔閭)를 위해 『병법』 열세 편을 지어 궁녀들에게 시험해본 후 끝내 장군이 되어 강한 초나라를 격파하고 영(郢)에 입성하여 제나라와 진(晉)나라를 위협하였다.[2] 후에 백여 년이 지나 손빈(孫臏)이 출현하였으니 손무의 후손이다. 치밀하게 계획하고 신중히 행동하며 분명히 계획하고 깊이 있게 책략을 세웠으니 틀린 내용이 있을 수 없다. 다만 세인들은 깊이 있게 이해하지 못한다. 더욱이 방대한 분량인 데다 세상에 통행되는 것은 그 요지를 벗어난 까닭에 간단한 해설을 쓴다.

---

1) 부차(夫差)는 오나라 왕으로서 무력으로 정벌 전쟁을 하였다가 월(越)나라 왕에게 멸망당했다. 언왕(偃王)은 주나라 때의 서언왕(徐偃王)으로 인의만을 추구하고 군비를 소홀히했다가 초나라에 의해 멸망당했다.
2) 손무는 궁녀들을 훈련시켜보라는 명령을 받고 그들을 두 편으로 나누어 훈련시켰는데, 대장을 죽여 군기를 잡고 훈련을 성공적으로 마쳤다. 그리하여 총지휘관이 되어 강성하던 초나라를 격파하였다.

孫子序

操聞上古有孤矢之利,『論語』曰"足兵",『尚書』八政曰"師",『易』曰"師貞丈人吉",『詩』曰"王赫斯怒,爰整其旅",黃帝·湯·武咸用干戚以濟世也.『司馬法』曰:"人故殺人,殺之可也."恃武者滅,恃文者亡,夫差·偃王是也.聖人之用兵,戢而時動,不得已而用之.吾觀兵書戰策多矣,孫武所著深矣.孫子者,齊人也,名武,爲吳王闔閭作『兵法』一十三篇,試之婦人,卒以爲將,西破强楚入郢,北威齊·晋.後百歲餘有孫臏,是武之後也.審計重舉,明畫深圖,不可相誣.而但世人未之深亮訓說,況文煩富,行於世者,失其旨要,故撰爲略解焉.

제3부

시대와 영웅의 합주곡

어지러운 시기에
세도 있는 환관 집안에서 태어나다

155~167년, 환제 영수(永壽) 원년~영강(永康) 원년
(1~13세)

조조(155~220)는 자가 맹덕(孟德)이며 길리(吉利) 또는 아만(阿瞞)이라고도 불렸다. 지금의 안휘성(安徽省) 박현(亳縣)인 패국(沛國) 초현(譙縣)에서 태어났다. 조조는 유방을 도와 공을 세운 개국 공신이자 후에 승상을 지낸 조참(曹參)의 후손이다. 조부인 조등(曹騰)은 환관으로서 황제의 시종관을 지냈으며, 환제(桓帝)의 즉위에 공을 세워 비정후에 봉해졌다. 조조의 생부인 조숭(曹嵩)은 바로 조등의 양자였으니 자연히 그 집안은 매우 풍족하였다.

조조가 태어난 때는 왕실이 약화되고 정치는 문란하였으며 대지주 계층의 세력이 증강되어 토지의 겸병이 극에 달하였다. 통치 계층은 사치스럽고 제멋대로였으며 환관과 외척들은 권력 쟁탈에 몰두하여 대중들의 부역은 늘어만 갔다. 조조가 태어난 해에는 수도 일대에 기근이 발생하여 사람이

사람을 잡아먹는 참상이 벌어졌으며, 변방에서는 외족과의 분쟁이 끊이지 않았다.

한 왕조는 외척과 환관 및 관료들이 권력 쟁탈전을 벌였는데, 조조의 유년 시기에는 외척에 이어 환관들이 전권을 휘두르며 대중을 착취하였다. 거기에다 주변 부족들의 침략에 대응하기 위해 수많은 군사 비용을 지출하였으므로, 민중들은 무거운 세금과 요역으로 더할 수 없는 고통을 겪어 호구는 줄고 농토는 황폐해졌다. 관료 집단에서는 세력을 규합하여 환관들에 도전하였으나 실패하여 이른바 '당고(黨錮)의 화'를 당하기도 하였다. 이러한 사회 질서의 파괴로 농민의 반항은 거세어졌으며 대규모의 반란은 늘어만 갔다.

168~173년, 영제 건영(建寧) 원년~희평(熹平) 2년
(14~19세)

환제가 죽자 열세 살이었던 유굉(劉宏)이 즉위하여 영제(靈帝)가 되었다. 이때 외척 집단은 관료 집단과 연합하여 환관들을 죽이려 하였으나 비밀이 누설되어 오히려 환관들에게 적잖이 피살되었으니 환관들의 위세는 커져만 갔다. 변방의 부족들은 연이어 반기를 들고 농민들의 반항 운동도 계속해서 일어났다.

이때 조조의 조부인 조숭은 재정대신인 대사농(大司農)과 번국(藩國)의 총책임자인 대홍려(大鴻臚) 등을 역임하였으니 조조는 대단히 부유한 가정에서 독서하고 무예를 익히며 자신의 총기를 마음껏 키워나갔다.

십대 후반이 된 조조는 많은 독서로 출중한 학식을 쌓고 무공을 연마하였는데 특히 병법을 좋아하였다. 그는 큰 포부를 안고 명산대천을 유람하며 많은 사람과 교제하였는데, 당시의 유명 인사였던 교현(橋玄)은 그에게 "장차 천하가 어지러울 터이니 세상에 뛰어난 재능을 지닌 이가 아니면 구하지 못할 것이다. 안정시킬 수 있는 이는 그대이리라"라고 칭찬하였다. 또 다른 명사 허소(許劭)는, "그대는 태평 시대의 유능한 신하 재목이며 난세의 간웅(奸雄)감이다"라고 평하였다. 이때부터 조조의 명성은 커져가기 시작했다.

강자를 두려워 않는 출중한 청년 관료가 되다

174년, 희평 3년(20세)

조조는 이십만 호 이상의 지역에서 매년 한 사람을 추천하는 효렴에 선정되어 낭(郞)이 되었으며, 다시 세도가의 천거로 경성인 낙양(洛陽)의 북부위(北部尉)가 되어 정치 인생을 시작했다. 위(尉)는 치안을 책임지는 자리였는데, 조조는 취임하자 문 앞에 오색의 몽둥이를 걸어놓고 범법자는 누구를 막론하고 타살하였다. 당시 황제가 총애하던 환관의 숙부가 법령을 어기고 한밤에 다니다가 조조에게 타살당하였는데, 그때부터 법령을 어기는 자가 없었다.

175년, 희평 4년(21세)

손책(孫策)과 주유가 출생했다. 조조보다 스무 살이 아래였다.

177년, 희평 6년(23세)

돈구(頓丘)현의 책임자가 되었으며 낭 중에서 지위가 비교적 높으며 자문에 응하는 의랑(議郎)의 관직을 맡았다.

조정에서는 변방을 침범한 선비족(鮮卑族)을 공략하였으나 대패하였다.

178년, 광화(光和) 원년(24세)

영제는 환관의 참언을 믿어 황후인 송씨를 폐위시키고 조조의 외사촌 매부 송기(宋奇)를 죽였는데, 조조는 이에 연좌되어 파면당하고 고향으로 돌아왔다. 선비족의 세력이 더욱 커져 약탈을 일삼았으며 조정에서는 대소 관직을 막론하고 공(公)이나 경(卿)의 작위까지도 돈을 받고 팔았다.

179년, 광화 2년(25세)

조조는 고향에서 가무를 직업으로 하던 변씨를 첩으로 맞이했다. 변씨는 뒤에 조비(曹丕)·조창(曹彰)·조식(曹植)의 세 아들을 낳았으며 왕후가 되었다.

180년, 광화 3년(26세)

조정에서 『상서(尙書)』『모시(毛詩)』『좌전(左傳)』『곡량춘추(穀梁春秋)』에 능통한 이를 한 사람씩 추천받아 의랑의 직위를 주었는데, 조조는 고서에 능통했으므로 이에 선정되었다. 이 해에 영제는 귀인이었던 하(何)씨를 황후에 책봉하고 그녀의 오빠 하진(何進)을 시중(侍中)의 자리에 임명하였다.

181년, 광화 4년(27세)
제갈량(諸葛亮)과 손권(孫權)이 출생하였다. 그들은 조조보다 스물여섯 살이 아래였다.

182년, 광화 5년(28세)
영제가 폭서와 혜성의 출현에 놀라 신하들에게 그 조짐을 묻는 기회를 이용하여 조조는 삼공(三公)의 탐욕적인 불법 행위와 호족 비호 행위를 폭로하는 글을 올렸다.

183년, 광화 6년(29세)
태평도(太平道)를 세워 십여 년을 지나면서 수십만에 달하는 사람을 모은 장각(張角)이 여덟 주에서 세력을 정돈하여, 조정의 내관들과 이듬해에 거사할 것을 밀약하였다.

184년, 중평(中平) 원년(30세)
태평도의 반란 계획이 누설되어 경성의 태평도 신도 천여 인이 살해되자, 장각은 스스로 천공장군(天公將軍)이 되고 두 동생을 각각 지공장군(地公將軍)과 인공장군(人公將軍)으로 삼아 우군들에게 누런 두건을 쓰게 하여 이른바 황건적의 난을 일으켰다. 전국에서 이에 호응하여 사회가 혼란에 빠지자, 이권 쟁탈전을 벌였던 지주 계층이 잠시 연합하여 이에 대응하였으며 조정에서도 온 힘을 경주하여 대처하였다. 결국 장각은 병사하고 잔여 세력도 일시 붕괴하였다. 이때 살해된 황건적은 이십여만 명에 이르렀다.

조조는 황건적 진압에 공을 세우고 제남의 태수 격인 국상(國相)으로 승진하였다. 제남은 열 개 현을 관할하였는데 조조는 부임 후 비열하고 악독한 관리들을 검거하여 파면시켰으며, 관리와 상인 및 호족이 결탁하여 미신 풍조를 이용, 대중을 편취하던 사당을 철거하고 악풍을 금지하였다.

이때 유비(劉備)는 대상인의 지원하에 관우(關羽)·장비(張飛)와 함께 황건적을 공격하여 안희위(安喜尉)가 되었다.

형세를 파악하며 때를 기다리다

185년, 중평 2년(31세)

장우각(張牛角)과 저비연(褚飛燕) 등이 백만 인을 모아 황하 이북의 군현을 공격하였다. 조조는 여전히 제남에서 치안을 바로잡고 현저한 치적을 쌓았다.

187년, 중평 4년(33세)

서북 변경에서 전란이 이어졌는데 한수(韓遂)와 마등(馬騰)이 연합하여 십여만의 군사로 할거하였다. 조조의 부친 조숭은 돈을 주고 삼공의 우두머리인 태위(太尉)가 되었다.

조조는 임기가 만료되어 동군(東郡)의 태수로 자리를 옮기게 됐으나, 지방 호족들과의 마찰에 한계를 인식하고 병을 구실삼아 고향인 초현으로 돌아가, 봄·여름으로는 독서하고 가을·겨울에는 사냥하며 은거하면서 때를 기다렸다. 이 해에 큰아들 조비가 출생하였다.

188년, 중평 5년(34세)

각지에서 재차 황건적이 출현하고 북부와 서부 변방에서는 외족과의 전쟁이 이어졌다. 조조의 부친 조숭은 파관되었다.

기주자사인 왕분(王芬)이 영제의 북방 순시를 틈타 영제를 폐위시키고 합비후(合肥侯)를 옹립하려 하였다. 이에 가담할 것을 제의받은 조조는 성패를 헤아려 거절하였다. 결국 정변 계획은 실패하고 왕분은 자살하였다. 영제는 중요한 지역에 군정의 대권을 주어 사람을 파견함으로써 중앙 집권을 도모했으나 오히려 지방의 할거 세력을 집중시켜 대군벌을 조성하는 결과를 초래했다. 또 새로운 군대 조직을 신설하여 여덟 명의 교위(校尉)를 임명하였는데 원소를 부사령관 격인 중군교위(中軍校尉)로, 조조를 감찰관인 전군교위(典軍校尉)로 초빙하였다.

189년, 중평 6년(35세)

조조는 전군교위로 취임했다. 이 해에 영제가 죽고 어린 소제(少帝)가 즉위하자 하태후가 정무를 담당하고 그의 동생 하진은 대장군이 되어 외척 집단의 우두머리로서 섭정하였다. 하진은 원소와 원술 형제를 중용하면서 양주의 군벌 동탁을 불러들이고자 하였다. 조조의 반대는 받아들여지지 않았다. 계획이 누설되어 하진이 피살되자 원소는 무사를 이끌고 입궁하여 환관 이천여 명을 살해하였다. 그리고 소제를 납치해 도망갔던 환관들도 추격병에 쫓겨 황하에서 자살함으로써 환관들의 전횡은 막을 내렸다. 한편 군대를 이끌고 낙양에 입성한 동탁은 소제를 맞이했다. 흉포한 부족이 연합된 동탁의 군대는 야만적인 행위와 약탈을 일삼았으며, 동탁은 전권을 휘두르며 소제와 하태후를 살해하고 아홉 살이던 헌제(獻帝)를 즉위시켰다.

동탁은 자신의 권력을 확대하기 위해 조조를 중용하고자 하였으나 조조는 이름을 바꾸어 낙양을 벗어나 동쪽으로 향하였다. 동탁의 수배령이 내려진 가운데 도중에서 구류되기도 하였으나 동탁에게 불만을 가진 관리들의 도움으로 풀려났다.

조조는 집안의 재산을 풀고 또 진류(陳留) 지방 인사의 원조를 받아 삼천 명의 병사를 모집하였는데, 이때 하후돈(夏侯惇)과 하후연(夏侯淵) 및 조홍(曹洪) 등이 고향 초현으로부터 천 명의 병사를 이끌고 와 합류하고, 조인(曹仁)도 천 명의 병사를 이끌고 와 합류하였다. 이에 조조는 오천 명의 군사를 이끌고 진류에서 동탁 토벌에 참가하였다.

난적을 토벌하며 힘을 키우다

190년, 헌제 초평(初平) 원년(36세)

관동 각 지역에서 동탁 토벌을 명분으로 한 호족들이 병사를 모으며 세력을 키웠다. 그 가운데 가장 강력하였던 원소는 그들의 맹주로서 스스로 거기장군(車騎將軍)이 되어 관리를 임명하고 지휘하였다.

한편 동탁은 연합군의 세력이 커지자 자신의 근거지인 양주와의 연계를 위해 헌제를 장안으로 옮겼다. 낙양을 불태우고 극도의 잔인한 살육을 자행했던 그는 다시 대군을 정돈하여 낙양에 와 진을 치고 연합군에 맞섰다. 연합군의 각 부대는 자신의 실력 보전을 위해 꼼짝하지 않았다.

단지 조조만은 오천 인의 군사로 동탁의 부하와 대전하여 대패하고 물러났다. 조조는 다시 각지의 군사를 모아 삼천 인의 부대로 하남 지방의 전선에 주둔하였다.

원소는 유주목이었던 유우를 황제로 옹립하고자 조조의 협조를 청하였다. 그러나 조조는 동탁 토벌의 뜻을 다짐하면서 그의 계획에 반대하였다.

191년, 초평 2년(37세)

원소는 유우 옹립 계획이 유우 자신의 반대로 실패하자 황하 이북에서 중심 세력으로 할거하고 있었으며, 동탁은 장안으로 회군하였다. 조조는 황하 이남에서 군사를 훈련시키며 때를 기다렸다. 한편 황건적의 잔여 부대가 세력을 확대시켜 급성장하여 원소의 근거지인 기주의 업성과 동군(東郡)을 공략하였다. 백여만에 이르렀던 청주의 군대도 그들과 합세하려 황하 이북으로 이동하였다. 이때 조조는 원소 휘하의 군대와 연합하여 복양(濮陽)에서 그들을 대패시키고 원소에게서 동군태수를 임명받고 동무양(東武陽)을 관할함으로써 주요한 세력 근거지를 마련하였다. 또 이를 계기로 조조는 원소의 휘하에 속했던 순욱을 비롯한 수많은 모사를 모을 수가 있었으며, 각지의 군대도 연이어 그 휘하에 귀속함으로써 세력이 급성장하였다.

192년, 초평 3년(38세)

조정에서는 사도(司徒)인 왕윤(王允)과 여포(呂布)가 연합하여 동탁을 죽였으나 동탁의 부하 이각(李傕) 등이 왕윤을 죽이고 여포를 격파하여 정권을 장악했다.

조조는 동무양을 공격한 황건적을 대파하였다. 이즈음 청주의 황건적은 백만의 대군으로 연주를 공격하여 자사를 살해하였으며 승세를 타 수장(壽張) 지방으로 진군하였다. 이때 조조측 인사의 유세를 받아들인 연주의 관리들은 조조를 영입하였고 조조는 연주목의 지위를 대행하였다. 그리고 수장 지방으로 진군하여 여러 차례 황건적과의 격전 끝에 드디어 그들을 격파하고 다수의 항복군을 받아들였다. 이때 청주군의 남녀 백만 명이 귀순하였고 병졸 삼십만이 투항하였다. 조조는 이들 가운데 정예를 선발하여 청주병(靑州兵)을 조직하였는데, 이들은 조조의 주력 부대가 되었다.

조정에서 새로이 파견한 연주자사를 거절한 조조는 모개(毛玠)의 "천자의 명을 받들어 반역도를 호령하고 농업을 부흥시키고 군비를 쌓아 패왕을 달성한다"는 건의를 받아들여, 자신의 연주에서의 통치 지위를 인정해줄 것을 조정에 요청했다. 조정에서는 조조의 실력을 고려하여 정식으로 그를 연주목에 임명하였다. 이때에도 각 지방의 강호들이 자신의 군대를 이끌고 연이어 조조에게 귀순하였으므로 조조의 군대는 막강한 세력을 형성하였다.

조조의 군대는 대체로 세 가지 세력으로 구성되었으니, 첫째는 조씨 집안 계통의 원래부터의 적계 부대이고, 둘째는 황건적의 청주군으로부터 편입된 정예 병력이며, 셋째는 귀순한 각 지방 강호들의 병력이다. 따라서 이들은 비교적 많은 실전 경험을 지니고 있었다.

변씨에게서 셋째아들 조식이 출생하였다.

193년, **초평 4년(39세)**

동탁이 죽고 난 후 각 지방의 할거 세력은 한편으로는 농민 반란군들을 진압하며 한편으로는 세력 확장을 위해 서로 혼전을 벌였다. 조조는 원소와 잠시 연합하여 남방의 원술과 북방의 공손찬 집단의 협공을 분쇄하고 동방의 도겸(陶謙) 집단과 대치하였다.

194년, **흥평(興平) 원년(40세)**

낭야(琅邪)에 있던 부친 조숭이 난을 피하여 연주로 올 때 도겸 군대의 습격을 받아 전재산을 약탈당하자, 조조는 도겸을 공격하여 다섯 성을 탈취하였다. 「조만전(曹瞞傳)」의 기록에 의하면, "동탁의 난을 피해 동쪽으로 피난 나온 많은 이들이 팽성(彭城)에 거주하였다. 조조의 군대가 이르러 남녀 수만 명을 사수(泗水)에서 죽이니 강물도 흐르지 못했다. 도겸이 대군을 무원(武原)으로 인솔하니 조조는 진군하지 못하다가 사수 남쪽으로 수릉(睢陵)·하구(夏丘) 등의 여러 현을 공격하여 마구 도살하였는데, 개나 닭까지도 남은 것이 없었으며 성은 비어 다니는 이가 없었다"라고 하였다. 이렇듯 조조군은 가는 곳마다 대도살을 감행하였으며 도겸은 도망쳤다. 이때 유비는 도겸을 구원하여 예주자사가 되어 소패

(小沛)에 주둔하였으나 병력이 약하여 조조에게 대패하였다.

연주 지방의 강호들은 줄곧 조조의 압제 정책에 반대하던 터에 그 대표들이 유생들과 연합하여 조조에 반대하는 여론을 조성하다가 살육을 당하기도 하였다.

조조가 동쪽 정벌을 위해 연주를 비운 틈에 여포가 장안에서 물러나 동쪽으로 오자, 조조에 대한 반항 세력은 그를 연주목에 추대함으로써 정변을 발동하였다. 서주로부터 자신의 근거지의 반란을 평정하러 회군한 조조는 친히 병사의 앞에 나서 화살과 불길을 맞이하며 백여 일을 싸웠으나 쌍방의 군량 부족으로 승부를 결하지 못하였다.

조조가 여포와 격전을 벌이는 동안 원소는 자신의 세력 확대를 위해 조조의 관할지를 차지하고 조조의 귀순을 종용하였다. 그러나 조조는 이를 단호히 거절하였고 이에 따라 조조와 원소의 연맹 관계는 깨졌다.

유비는 도겸이 병사함에 따라 서주목(徐州牧)을 대행하였다.

195년, 흥평 2년(41세)

조조는 재차 여포를 공략하여 대패시키고 헌제로부터 정식으로 연주목에 임명되었으며, 재차 잔당을 소탕하여 연주 전체를 통제할 수 있었다.

조정에서는 이각과 곽사(郭汜)가 서로 공격하여 사상자가 수만 명에 이르렀다. 이에 장군들이 헌제를 모시고 장안을 벗어나 동쪽으로 향했다. 그러나 이각과 곽사가 추격하자 흉노(匈奴)군을 끌어들여 대적하였다. 헌제는 황하를 건너 안읍(安邑)에 이르렀다.

천자를 끼고 천하 평정에 매진하다

1196년, 건안 원년(42세)

조조는 순욱의 건의를 받아들여 천자를 모시고 천하를 호령하는 책략을 실현하기 위해 헌제를 맞이하러 조홍을 파견하였다. 그러나 호위군에게 거절당하였다. 그러나 조조는 황건적의 잔당을 토벌하고 그 수장들을 죽여 헌제로부터 건덕장군에 임명되었다가 진동장군으로 승진하고 비정후의 작위를 받았다.

유비는 여포의 습격을 받아 조조에게 의존함으로써 예주목(豫州牧)으로 천거되어 여포와 대치하였다. 헌제는 낙양에 귀환하였으나 이미 폐허가 된 터이라 거처는 물론 양식조차 없는 상황이었다. 이때 조조는 대군을 이끌고 낙양에 이르러 그들을 봉양함으로써 사예교위(司隷校尉)에 임명되고 군 통솔권을 인정받았다. 이어 허도로 헌제를 모심으로써 천자의 통제권을 확보하였다. 그리하여 전쟁의 정치적 명분을 세우고 중앙 대권을 장악하였으니, 이후의 인사 임명이나 정벌은 모두 헌제의 명의를 이용할 수 있었다.

조조의 천자 통제와 중앙 대권 장악에 불복하는 원소를 비롯한 각지의 강호들이 헌제를 탈취하고자 하였으나 모두 조조에게 격퇴되었다. 무평후에 봉해진 조조는 헌제의 명의로 자신보다 세력이 강했던 원소에게 대장군의 자리를 양보하였으나 거절당했으며, 원소를 비롯한 강호들은 여전히 조조에 대한 공격을 준비하였다.

이때 유비는 여포의 공격에 무너져 조조에게 의탁하였다. 모사였던 정욱(程昱)은 유비를 죽이라고 권했으나 조조는, "지금은 영웅을 받아들일 때이다. 한 사람을 죽이느라 천하 인심을 잃어서는 안 된다"라면서 따르지 않았다.

한편 연속되는 전쟁으로 양식이 부족하여 스스로 무너지는 군대가 속출하는 상황이었다. 조조는 조지의 건의를 받아들여 농업 생산을 증대시킬 둔전제를 실시하였다. 유민과 투항한 황건적의 병졸을 모집하여 먼저 허도에서 실행한 후 크게 효과를 보자 관할 구역에 확대함으로써 군량 보급의 문제를 해결하였다. 그리하여 장기전의 대비책이 마련되었다.

197년, 건안 2년(43세)

조조는 남방으로 장수(張繡)를 공격하여 투항을 받았으나 그의 처를 차지하여 원한을 샀다. 장수를 죽이려다 선제 공격을 받아 오른팔에 화살을 맞기도 하였으나 끝내 그를 격파하고 허도로 돌아왔다.

조조는 조정을 장악하고 원소를 대장군에 임명하였다. 한편 원술이 천자라고 자칭하고 백관을 임명하니 각지의 강호들은 그와 단교하였다. 이에 원술은 여포를 공격하다 실패하였는데, 다시 조조가 친히 동쪽으로 그를 정벌하였다. 여포는 후퇴한 여남에서의 열악한 상황에 의해 회복 불능의 상태로 몰락하여 이 년 후에 죽었다.

조조가 환도한 후 장수가 다시 반기를 들자 남쪽으로 나아가 장수와 유표의 연합군을 격퇴하고 하남(河南) 일대를 차지하였다.

이 해에 조조는 정(丁)씨 부인을 버리고 변씨를 후실로 승격시켰다.

198년, 건안 3년(44세)

재차 남방의 장수를 공략하였는데 이때 유표도 장수를 지원하였고 허도 공략을 준비하던 원소도 조조군의 후방을 공격하였다. 그러나 조조는 포위를 뚫고 철군하는 중에 다시 장수와 유표의 연합군을 대파함으로써 서남 방면의 위협을 제거하였다.

가을에는 동쪽으로 여포를 공략하였는데 수공(水攻)을 채택하여 여포를 잡아 죽이고 서주를 차지하였다. 이때 그곳에서 미모의 유부녀였던 두(杜)씨를 받아들였다.

199년, 건안 4년(45세)

원소는 북방에서 큰 세력을 지녔던 공손찬을 격멸하고 아들들과 조카에게 각각 청주·유주·병주를 맡기고 요동과 연계를 지님으로써 황하 이북에서 견고한 통치권을 행사하였다. 이때 조조는 황하를 건너 몇 곳을 점령하여 거점을 마련하였다.

한편 헌제는 조조의 전횡에 불만을 품고 외척이었던 동승(董承)으로 하여금 유비와 밀모하여 조조를 살해하도록 하였다. 유비는 원술을 공격하는 기회에 관우에게 병력을 확충시키고 원소와 강화하였다.

원소가 십여만의 대군으로 허도 공격을 준비하자 조조는 수하 대장들로 하여금 청주와 관중(關中)에 주둔시켜 동부와 서부를 방위하게 하고 가을에 친히 관도에 진군하여 황하를 사이에 두고 원소군과 대치하였다. 한편 장수의 전군이 조조에게 투항함으로써 남방의 위협은 사라졌으며, 여강(廬江)태수 유훈(劉勳)도 북쪽의 조조에게 귀순하였다.

200년, 건안 5년(46세)

동승과 유비의 밀모가 폭로됨에 따라 조조는 동승을 살해하고 동쪽의 유비를 공격하여 그 처자를 포로로 삼았다. 유비는 원소에게로 도망치고 관우는 투항하였다. 이에 조조는 동쪽의 우환을 없애고 관도로 돌아와 원소와의 결전을 준비하였다.

조조군과 원소군의 전쟁이 시작되자 군비가 열세였던 조조는 관우를 선봉에 세웠다. 관우는 원소의 몇몇 장수를 베고는 조조를 떠나 유비에게 돌아갔다. 십만 명의 병사에 대항하여 만 명의 군사로 관도에서 대치하던 조조는 오천 명의 정예병을 이끌고 원소군의 후방을 습격, 군량을 불태우고 원군을 섬멸하는 등 원소군을 크게 어지럽히고 기세를 몰아 원소군을 대패시켰다. 이 전쟁으로 원소는 치명적인 타격을 입고 친위대 팔백여 명만을 이끌고 하북으로 도망하였다. 조조는 군중에서 원소와 사통한 밀서를 발견하였으나 태워버리고 불문에 붙임으로써 정치적으로 인심을 얻었다.

201년, 건안 6년(47세)

조조는 원소의 잔여 부대를 소탕하고 남쪽 여남으로 유비를 공격하였고, 유비는 형주의 유표에게 의지하였다.

202년, 건안 7년(48세)

조조는 초현에 주둔하여 전몰 장병들의 친지를 위로하고 토지를 주어 안무하고 관도로 돌아갔다.

뒤이어 병사한 원소의 두 아들 원담(袁譚)과 원상(袁尙)의 군대를 수차례 격파하고 종요(鍾繇)를 시켜 남흉노(南匈奴)를 포위하여 투항시켰다.

203년, 건안 8년(49세)

허도로 돌아와 학술을 부흥시키며 학교를 세웠다.

204년, 건안 9년(50세)

원상의 근거지 업성을 장하(漳河)의 물길을 돌려 수공하여 대파시키고 기주를 새로이 점령하고 기주목을 겸임하였다. 당지의 농업 생산을 장려하고자 당년의 세금을 면제해주고 호족들의 세금 수납을 일정하게 한정하여 착취를 억제하였다. 진림(陳琳)이 원상을 위해 조조를 성토하는 글을 써 조조의 조상까지도 매도하였으나, 조조는 그의 재능을 아끼어 사공군모좨주(司空軍謀祭酒)의 관직을 주고 격문(檄文) 등의 문서를 관리하게 하였다.

205년, 건안 10년(51세)

친히 북을 치며 병사를 독려하여 원담을 잡아 참하고 원상을 패주시켜 기주 전체를 평정하였다. 황건적의 잔여 세력 흑산군(黑山軍)의 수령 장연(張燕)이 십여만을 이끌고 투항하자 작위를 주었다.

206년, 건안 11년(52세)

업성에서 북상하여 반기를 들었던 원소의 외조카 고간을 정벌하여 병주를 재차 평정하였다.

둔전 사업의 성공을 위해 국연(國淵)을 등용하여 행정 조직과 농업 생산 확대에 커다란 발전을 꾀하였다. 변방인 요서 지방을 안정시키고 그곳에 기탁하고 있는 원상을 토벌하기 위해 물길을 이용한 수송로를 개척하였다.

207년, 건안 12년(53세)

요서 지방의 오환족을 공략하여 악전고투 끝에 대승, 이십여만 명의 투항을 받았다. 그곳에 기탁하였던 원상은 요동으로 도망하였으나 요동태수는 그를 살해하여 그 머리를 조조에게 보내왔다. 그리하여 원씨 집단의 저항을 완전히 제거하고 동방을 평정하였다.

이 해에 유비는 제갈량을 초빙하였다.

적벽에서 대패하여 삼국 정립의 형세로

208년, 건안 13년(54세)

승상이 되어 남방의 유표를 정벌하니, 유표는 병사하고 그 아들 유종이 형주를 바치며 투항하였다. 공융을 죽이고, 왕찬(王粲)을 참모로 받아들였으며 형주 일대의 지식층 인물을 받아들였다.

한편 유비는 당양(當陽)의 장판(長坂)에서 대패하고 하구(夏口)로 도망쳐 유표의 아들 유기(劉琦)와 합류하였다. 그리고 제갈량의 건의를 받아들여 강남의 손권과 연합, 주유를 도독으로 하여 적벽에서의 결전을 꾀하였다.

조조군은 수전 경험의 부족과 전염병의 유행으로 십오륙만의 군대로 사오만의 유비와 손권 연합군에게 대패하여 커다란 타격을 입었다. 이 전투로 손권은 강남에서의 할거를 견고히하고, 유비는 형주를 차지하고서 익주(益州)로의 세력 확대 발판을 마련하여, 삼국이 정립(鼎立)하는 국면을 이루었다.

209년, 건안 14년(55세)

초현에 돌아온 조조는 수군을 훈련시켰으며, 손권은 합비(合肥)에서 스스로 물러났다. 유비는 형주목이 되었다.

210년, 건안 15년(56세)

현인 등용의 명을 내려 인재를 구하였으며, 업성에 동작대를 축성하였다.

조조의 권력이 커짐에 따라 반대파는 조조가 한 황실을 폐하고 스스로 황제가 되려 한다고 주장, 이에 조조는 그럴 뜻이 없음을 분명히 밝히고 자신에게 내려진 세 현의 봉읍지를 사양하였다.

211년, 건안 16년(57세)

조조의 장자 조비가 오관중랑장(五官中郞將)으로서 승상부(丞相副)가 되었으며 조조가 사양한 봉읍지는 조조의 다른 세 아들 조식(曹植)·조거(曹據)·조표(曹豹)에게 나누어졌다. 조비와 조식은 건안육자(建安六子)인 진림(陳琳)·왕찬(王粲)·서간(徐幹)·완우(阮瑀)·응창(應瑒)·유정(劉楨)과 왕래하며 시문을 짓기에 열중하기도 하였다.

서쪽에서 한중(漢中)의 장로(張魯)와 관중의 마초 등이 십만의 병력으로 항거하자 조조는 친히 군사를 이끌고 동관(潼關)에서 격파하여 관중 지방을 손안에 넣었다.

유비는 익주목인 유장(劉璋)의 초빙으로 수만의 병력을 이끌고 익주에 들어가 장노를 정벌하였으며 형주는 관우에게 맡겼다.

212년, 건안 17년(58세)

업성에 돌아온 조조는 두 아들 조비와 조식 및 당시 문인들과 왕성한 문학 활동을 전개하면서 문학을 진흥시켰다. 헌제는 조서를 내려 조조로 하여금 조정에서 신하의 예를 표하지 않아도 되는 각종의 특권을 부여하였다.

중원을 통일하고 죽어서 제위에 오르다

213년, 건안 18년(59세)

손권의 강서 진영을 격파하고 환군한 조조는 헌제의 명의로 기주의 열 개 군을 통치하는 위공(魏公)에 봉해졌으며, 여전히 승상의 지위와 기주목을 겸임하였다. 그 후 조조는 사직과 종묘를 건립하고 자신의 세 딸을 헌제에게 바쳐 귀인(貴人)으로 삼게 하였다. 위국(魏國)은 독립된 국가로서의 관리 제도를 마련하고 관리들을 임명하였다.

마초는 서쪽에서 세력을 키워갔고 익주의 유비는 유장의 견제를 벗어나 세력을 확장했다.

214년, 건안 19년(60세)

조조가 경적전(耕籍田: 천자나 제후가 백성을 부려 농사 짓는 농지로서 이를 지님은 그에 상응하는 신분이 되었음을 상징함)의 예식을 거행하였으며, 헌제의 명으로 여러 후왕(侯王)의 상위 신분을 부여받았다.

조조는 하후연(夏侯淵)을 시켜 마초를 격퇴시켰으며, 마초는 유비 진영에 가담하였다. 유비는 성도(成都)의 유종을 포위 공격하여 항복시키고 익주목이 되었다.

양주에 장기간 할거하면서 하수평한왕(河首平漢王)을 자처하던 송건(宋建)을 하후연을 시켜 토벌하였다. 이에 따라 하서(河西) 지방의 강족(羌族)들이 투항하였고 농우(隴右) 지역이 조조의 수중에 들어갔다.

조조 제거의 밀모를 꾸몄던 복황후(伏皇后)를 폐출시켜 살해하고 두 태자를 독살하였으며 그 형제와 종족 백여 명을 살해하였다. 헌제는 조조에게 모두(旄頭: 제왕의 외출 격식)를 사용하고 종거(鍾虡: 제왕의 궁전에서 사용하는 악기와 그 받침대)의 설치를 허용하였다.

행실상의 단점에 구애됨이 없이 인재의 등용을 명하였으며, 또 법리(法理)에 밝은 이를 선발토록 하였다.

215년, 건안 20년(61세)

자신의 둘째딸을 황후에 앉혔다. 서쪽으로 진군하여 장로의 군사를 격파하여 항복을 받고, 험지에 근거하여 반항하던 서방 종족들을 도살하고 투항하는 이에게는 관직을 주어 승복시켰다.

이때부터 조조는 헌제의 허락 없이 그 명의를 사용하여 제후와 관리를 임명하는 권한을 얻었다. 또 한중을 공격하여 차지하고 하후연을 주둔케 하였다. 그때 손권은 형주를 유비와 나누어 점유하고 합비를 공격하였으나 패퇴하였다. 유비는 그 틈에 파중(巴中)을 차지하였고 조조군의 장합을 물리쳤다.

216년, 건안 21년(62세)

업성에 돌아온 조조는 위왕(魏王)으로 작위가 승진하였으며 승상과 기주목은 여전히 겸임하였다. 조조의 딸은 공주로 불려졌고 봉읍지를 받았다. 귀순하는 종족에게는 그 세력을 분할하여 해당 종족의 귀족이 다스리게 하면서 한족을 파견하여 감독권을 행사하였다.

한편 친히 군사를 훈련시키며 손권 공격을 준비하였다.

217년, 건안 22년(63세)

남으로 손권을 공략하여 강화를 맺고 돌아온 조조는 헌제의 명에 따라 오직 황제만이 누렸던 각종의 예우를 누리면서, 아들 조비를 위국태자에 책봉하였다.

유비는 한중에 진군하여 결전을 꾀했으나 조조 진영의 조홍에게 제지되고 뜻을 이루지 못했다. 조조는 재차 인재 등용에 주력하였다.

218년, 건안 23년(64세)

경기(耿紀) 등이 조조의 찬탈에 대비하여 헌제를 끼고 정변을 일으켜 조조를 토벌하고자 하였으나 조조에 의해 진압되고 삼족이 주살당했다.

업성에서 자신의 무덤을 마련하였으며, 군대를 정돈하여 유비 정벌에 나서 장안에 주둔하였다.

219년, 건안 24년(65세)

서쪽 전투에서 하후연이 전사하자 조조는 한중에 진군하였으나 유비군의 저항으로 뜻을 이루지 못하고 장안으로 회군하였다. 아내 변씨를 왕후에 봉했다.

유비는 한중을 차지하고 한중왕(漢中王)임을 선포하였다. 유비 진영의 관우는 양양(襄陽)과 번성(樊城)을 포위하였으며 남양(南陽) 일대가 관우에게 귀순하였다. 관우의 위세가 커지자 조조는 서황(徐晃)을 구원병으로 보내 관우의 포위를 풀고 그를 역공하여 패퇴시켰다. 손권은 비어 있던 관우의 본영을 공략하여 퇴로를 막고 패퇴하는 관우를 죽이고서 형주를 차지하였다. 손권은 조조에게 신하의 입장을 취하여 형주목이 되고 남창후(南昌侯)의 작위를 받았다.

220년, 건안 25년(66세)

낙양에 돌아온 조조는 손권이 보내온 관우의 머리를 제후의 예에 따라 장례지내고, 그 후 오래지 않아 낙양에서 병으로 세상을 떠났다.

조비는 위왕과 승상의 지위를 계승하고 기주목을 겸임하면서 건안이었던 연호를 연강(延康)으로 바꾸고 고릉(高陵)에 묻힌 조조에게 무왕(武王)의 시호를 바쳤다. 곧이어 헌제에게서 제위를 물려받고 연호를 다시 황초(黃初)로 바꾸었으며 조조를 무제(武帝)로 추존하고 자신은 문제(文帝)가 되었다. 이로써 한 왕실은 위 왕실로 대체되었다.

조조는 완전한 대통일을 이루지는 못하였다. 그러나 천하에서 가장 강력한 세력으로서 중원 땅을 통일하였다. 그리하여 세상을 떠난 바로 직후 아들 조비로 하여금 한나라를 이은 위나라를 건국시킴으로써 위 태조가 된 것이다.

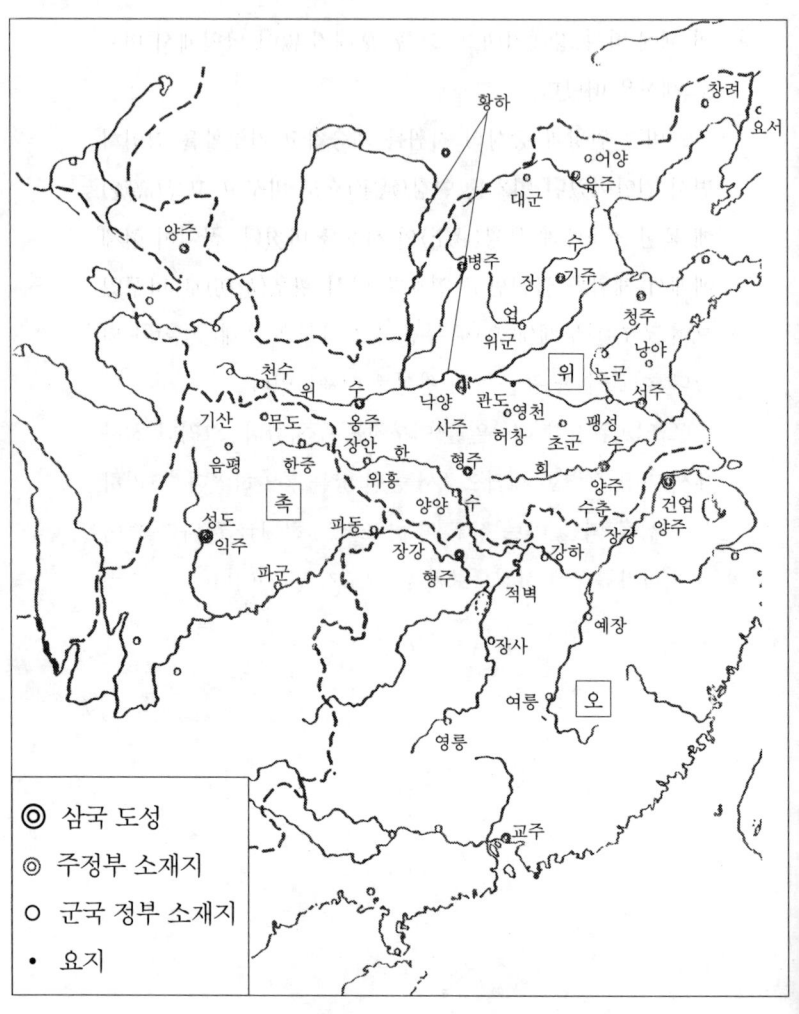

후한 말기 삼국 형세도

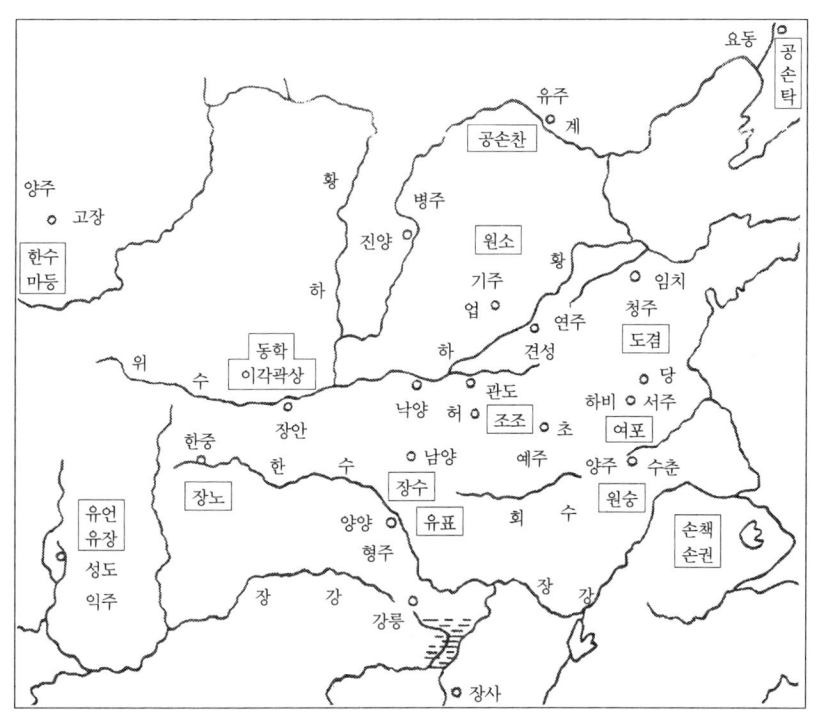

후한 말기 군벌 할거 형세도

작품 원명 색인

시

각동서문행(却東西門行)　40

고한행(苦寒行)　30

단가행(短歌行)　50

대주(對酒)　27

도관산(度關山)　23

맥상상(陌上桑)　57

보출하문행(步出夏門行)　30

관창해(觀滄海)　33

구수수(龜雖壽)　37

동시월(冬十月)　35

염(艶)　32

토부동(土不同)　36

정렬(精列)　54

해로행(薤露行)　43

호리행(蒿里行)　46

문장

가위헌제책수복후(假爲獻帝策收伏后)　145

가조지자처중봉작병사지령(加棗祗子處中封爵幷祀祗令)　83

거태산태수여건무재령(擧泰山太守呂虔茂才令)　91

거현물구품행령(擧賢勿拘品行令)　159

결의전주양관교(決議田疇讓官教)　126

계자식(戒子植)　143

고취령(鼓吹令)　181

고탁군태수령(告涿郡太守令)　118

구언령(求言令)　107

구현령(求賢令)　128

군령(軍令)　185

군책령(軍策令)　183

군초령(軍譙令)　86

내계령(內誡令)　174

논이사행능령(論吏士行能令)　97

답원소(答袁紹)　62

명벌령(明罰令) 105

보유이(報劉廙) 153

보전령(步戰令) 191

봉공신령(封功臣令) 109

분조여제장연속령(分租與諸將掾屬令) 111

사고태위교현문(祀故太尉橋玄文) 89

상서양봉(上書讓封) 65

상언파원소(上言破袁紹) 78

선거령(選擧令) 179

선군중전옥령(選軍中典獄令) 149

선시공융죄상령(宣示孔融罪狀令) 120

선전령(船戰令) 187

섬급재민령(贍給災民令) 163

손자서(孫子序) 194

수서여여포(手書與呂布) 73

수서여염행(手書與閻行) 140

수학령(修學令) 93

양구석표(讓九錫表) 142

양현자명본지령(讓縣自明本志令) 136

억겸병령(抑兼幷令) 99

엄획송금생표(掩獲宋金生表) 75

여손권서(與孫權書) 124

여순욱서(與荀彧書)　71

여순욱서추상곽가(與荀彧書追傷郭嘉)　116

예양령(禮讓令)　176

위서선의진교하령(爲徐宣議陳矯下令)　80

위장범하령(爲張范下令)　122

유령(遺令)　171

이고유위이조연령(以高柔爲理曹掾令)　151

정제풍속령(整齊風俗令)　103

제아령(諸兒令)　161

제지송종의염(題識送終衣奩)　168

종령(終令)　165

주원담령(誅袁譚令)　101

진손익표(陳損益表)　67

책립변후(策立卞后)　167

청시령(淸時令)　177

청증봉순욱표(請增封荀彧表)　114

춘사령(春祀令)　155

치둔전령(置屯田令)　69

칙유사취사물폐편단령(敕有司取士勿廢偏短令)　147

패군저죄령(敗軍抵罪令)　95

작품 원명 색인　233